闇塗怪談
戻レナイ恐怖

営業のK

竹書房文庫

目次

※本書に登場する人物名は、様々な事情を考慮して全て仮名にしてあります。また、作中に登場する体験者の記憶と体験当時の世相を鑑み、極力当時の様相を再現するよう心がけています。現代においては若干耳慣れない言葉・表記が登場する場合がありますが、これらは差別・侮蔑を意図する考えに基づくものではありません。

火葬場と言えば……

十年ほど前に聞いた話である。

俺の母親は能登の、とある港町出身だった。

ちょうど十年ほど前、まだその港町に住んでいた母の兄、つまり俺の伯父が亡くなった。人口の少ない田舎町ゆえ、火葬場は幾つかの村や町が共同で使用するこぢんまりとしたものが一つあるきり。それでも炉は最新式で、思ったより短時間で焼けてしまうらしい。とはいえ、こういう時間は長く感じる。俺は、お骨になるのを待っている間、近くにいた係員さんに色々な話を聞かせてもらった。

これから話すのは、その時に聞いた話の一つである。


今でこそ都市ガスや液化石油ガスを燃料に、コンピュータが燃焼制御する火葬炉が一般的になったが、当然昔はそんなものはなく、人が薪で火をおこしてご遺体を焼いていたという。

要するにただの火なので、完全に骨になるまでにはかなりの時間がかかる。ゆえに、夜を徹して炉に付く見張り番を置いた状態で焼いていたのだそうだ。

そういう作業だから、火葬を担当する人も、本音を言えば昼間の明るい時間に作業したい。だが、葬儀が重なるとそうもいかず、結局、一年に何回かは夜を徹しての作業になってしまった。

焼いている時は、何時間おきかにちゃんと燃えているかを確認する作業があり、その間は燃料を足しながらずっと傍で待機しなくてはならない。

この方も、火葬場の仕事に就いてしばらく経った頃、先輩と一緒に夜を徹して火の番をする役が回ってきたそうだ。

昼間の火葬は経験済みだったので、とくに不安もなかったのだが、先輩からは真剣な顔で忠告されたという。

「こういう仕事を夜を徹してやっているとな、ふと自分の後ろに誰かが立っているように感じることがあるんだよ。そう感じた時には、本当に後ろに、誰かが立っている。決して気のせいなんかじゃない。だから、そんな時は絶対に振り向くなよ。おまえが後ろを振り返ってしまったら、俺まで危険な目に遭うから言ってるんだ。いいか?」

「は、はい」

「生きている俺たちは、決して振り向いたり声を出したりしてはいけないんだ。気付かないフリに徹しなくちゃいけない。そうしないと、怖い思いをすることになる。とてつもなく怖い思いをな」

「それって……」

どういうことですかと尋ねかけ、そのまま押し黙る。先輩が強張った顔をぐっと近づけてきたからだ。

「夜の火葬番をしていて、そのまいなくなった者がいるんだよ。それも一人や二人じゃない。分かるか？　自分の身は自分で護らなきゃいけねえってことだ」

「……」

「だからな。向かい合わせではなく、炉のほうを向いて二人で並んで座るんだ。そして、死者に対する尊厳の気持ちをしっかりと持ちながら、朝が来るのをじっと待つ。それが死者に対する礼儀でもあるんだから、よく覚えておけ。そして厳守しろ」


そういうことを守らなかった者が、あちらの世界に連れて行かれてしまった。

だから、自分の命が大切なら、しっかりと決まり事を守れ。

——そう言われたそうである。


そして、夜も更けてくると、先輩が言っていた通りの感覚に襲われた。

気のせいでも何でもなく、確かに〈誰かが自分の背後に立っている〉感覚があったのだそうだ。

それも気配を感じただけではなく、炎に照らされた人影が見えたり、すぐ背後から声が聞こえたりと、存在を裏付けるものがあったらしい。

けれどもその方は、先輩に言われた通り、きちんと決まり事を守った。

何も気付いていないように、先輩とゆっくり酒を酌み交わしつつ、夜が明けるまで世間話を続けたそうである。


「だから、今も生きていられるんだよ」

彼は噛みしめるようにそう言って、話を締めくくった。

今もそんな古い火葬場が残っているのかどうか分からないが、恐ろしいと同時に、何やら身の引き締まる思いがした。

隙間

当たり前のことかもしれないが、俺はドアや戸の類《たぐい》は必ず閉めきる。

トイレや風呂場のドアは当然としても、部屋のドアや引き戸、そして押入れに至るまで、隙間ができないようにぴっちりと閉めきったうえで、鍵まで掛けるのだ。

何故、こんな習慣がついてしまったのか——。

それは高校時代の体験に起因している。


この習慣がつく以前、本来の俺は、大雑把な性格であった。何となく流れで閉める動作はするものの、完全に閉まりきっておらず、いつも戸やドアには十センチほどの隙間ができていた。

今にして思えば、完全に閉めきらないほうがその頃は安心できたのかもしれない。心理的なものだろうが、外と繋がっているというほうに安心を覚えていたように思う。

そして、事件は突然、起きた。

その日、高校から帰った俺は、普段着に着替えると、自室で漫画を読んでいた。

両親は共働きで家に居らず、兄も家を出て関西の大学に通っていたから、当然、家の中は俺一人だった。

ベッドにうつ伏せになり、のんびりとページを繰る。が、ふと妙な気配を感じた俺は何げなく後ろを振り返って息を止めた。

ドアの隙間に……女がいる。

そいつがじっとこちらを窺っているのだ。

恐怖で固まってしまった俺は、目を逸らすことも、声を上げることもできず、中途半端に体を捩じったまま、瞬きもせずドアの隙間を見つめていた。

顔は見なかった。

もし視線が合ってしまったら、女が部屋に入ってきそうな気がしたのだ。

女の顔はドアの高い位置にあり、かなりの長身であることが窺えた。服も着ていたと思うが、全く記憶にない。兎にも角にも、自分しかいないはずの家に、得体の知れない者がいるという事実に俺は震え上がり、ただただ女の顔より下の辺りを凝視していた。

どれくらい、そうしていただろうか——。

女はゆっくりとドアを閉め、俺の視界から姿を消した。

「……」

しばらくは放心状態で固まっていた。

が、突如一階から鳴り響いた電話に、弾かれたように俺は部屋を飛び出した。

電話自体はただのセールスだったが、受話器を置いた俺は、再び先程のことを思い出し、今更のようにじっとりと手に汗を滲ませた。

その日からだった。

家の中で、急に同じようなことが頻発しだした。

隙間から覗くのは何も女だけではない。男だったり、子供だったり、その時々だが、とにかく戸を完全に閉めきっていない時にだけ、それらは現れた。

幸い、それらは隙間から覗くだけで、それ以上何もしてはこなかった。

だから俺は、しっかりとドアを閉めきっていれば大丈夫だと確信し、常に隙間なく閉めきる習慣を身につけた。

実際、それは正解だったようで、しばらくは何ごとも起こらなかった。

しかし、それから数年経った土曜の午後、再び怪異は起きてしまう。

その時、俺はトイレに入っていた。

といっても用を足していたわけではない。トイレの便座に腰掛けて、漫画を読んでいたのだ。トイレは俺の落ち着ける場所で、よくお気に入りの漫画を持ち込んでは、のんびりと読みふけっていた。

相変わらず家族は仕事。家の中にいるのは俺一人。用を足しているわけではないので、鍵まではかけていなかった。……それが失敗だった。

一冊目を読み終わり、二冊目を読んでいた時だった。

トイレのドアが、音もなく、すぅっと開いた。

微かに風が入り込み、空気が変わる。

俺は自然に顔をあげた。

と、僅かに開いたドアの隙間から、再び見知らぬ女がこちらを覗いていた。

(——っ)

その瞬間、数年前の記憶と恐怖が生々しく蘇った。

それまでの数年間、何も起こらなかったため、すっかり油断していた。

俺は、またもや体が固まってしまい、声を出すことすらできなかった。

それでも今までの経験上、中までは入っては来ないだろうと高をくくっていた。

だが、今度ばかりはそうもいかなかった。

俺は何故かその女の顔を見てしまったのである。

生気のない顔と言ってしまえばそれまでだが、あの不気味さはうまく言葉では言い表せない。とにかく、とてもヤバイモノだということだけが伝わってくる。相変わらずドアのいちばん高い所から、うっすらと無気力な笑みを浮かべて、俺を見下ろしていた。

そして、次の瞬間。

ドアがスーッと音もなく開かれ、全開になった。誰も手を掛けてはいないのに。

四角い空間に、薄汚れた襤褸《ぼろ》を纏ったガリガリの女が立ちはだかる。女は枯れた足を踏み出し、トイレの中に入らんとしてきた。

その顔に、満面の笑みを浮かべて……。


そこで俺の記憶は途絶えている。二時間後、トイレで気を失っているところを帰宅した母に発見され、意識を取り戻した。

あれは、夢だったのか——いや、ちがう。

幸い、怪我も外傷もなかったが、トイレにはこれまで嗅いだことがないような悪臭が充満し、母も顔をしかめて口元を押さえていた。

おまけに、俺が読んでいた漫画はビリビリに破られて、便器の中に捨てられていた。


以来、ドアは閉めるだけでなく、しっかりと施錠するようになった。

とりあえずそれで身の安全は保たれている。

それでも、誰もいないはずの家に一人でいると、部屋のドアがノックされる……というのが、今も日常茶飯事なのであるが。

家族のようなモノ

これも俺が子供の頃の話である。たしかまだ小学校低学年の時だ。

だが、そんな幼い頃に体験したことが、トラウマのように今でもしっかりと脳裏に焼きついている。

当時、父親は銀行員ということもあり、毎晩帰りが遅かった。子供の躾《しつけ》にとても厳しい人で、父親に対しては〈怖い〉という印象しかなかった。

対する母親は、その分と言っては何だが、とても優しく面白い人だった。ただ、やはり看護師をしていたので忙しく、子供と接する時間はあまり取れなかった。

家族はほかに兄が一人。男の子らしい活発な性格で、これまた弟の面倒を見るようなタイプではなかった。

だから、ごくごくたまに家族で外食に出掛けるのがとても楽しみであり、俺の中で、家族が揃うのはそういう時だけという印象があった。

そんな感じであったから、俺自身も、放課後はいつも友達と遊んでばかりいた。

確かに友達と遊んでいると、時の経つのも忘れてしまうほどに楽しかったし、また色々と学ぶことも多かったように思う。

けれども、夕方が近づいてくるとその楽しさは一変し、いつも寂しさに変わっていた。いつも遊んでいたメンバーは五、六人いたのだが、暗くなる前にお迎えが来て、一人、また一人と家族と一緒に家に帰っていく。

最後に一人残るのはいつも俺だった。

正直なところ、家族が迎えに来た時の友達の顔には、嬉しさとともに、どこか優越感らしきものが感じられて、それが余計に俺の寂しさを助長した。

けれども、家族が忙しいのは理解していたし、どうにもならないことを言って困らせたくはなかったので、そうした思いは自分の中で飲み込んでいた。それでもやはり誰もいない家に帰るのは寂しく、家族の誰かが帰宅するまでは、独り公園などで遊んでいた。

ずっと憧れていたお迎え。

一度だけそれが叶ったことがあった。

……しかし、それが今回お話しする、トラウマ話なのである。

その日も、学校が終わると友達を誘い、近くの公園で遊んでいた。

いつものように仲間は五、六人。今思えばくだらない遊びをしていたように思うが、友達とすることは何でも楽しく、全てが最高の時間になっていた。

そして、夕方が近くなる。

俺はいつもの習慣で、できるだけ周りを見ないように遊びに没頭していた。誰かの家族が迎えに来ても気づかないように――少しでもその瞬間の寂しさを誤魔化したかったのだ。

ところが、その日は不思議と、まだ誰の家族も迎えに来ていなかった。

すると、どこからか俺を呼ぶ声が聞こえてくる。

「おーい、〇〇」

思わず顔をあげ、辺りを見渡した俺は目を疑った。

なんと、家族が全員揃って俺を迎えに来てくれているではないか。

夢にまで見た光景だった。

「じゃ、家族が迎えに来たから、俺帰るわ!」

そう言う俺の顔はたぶん、凄いドヤ顔になっていたと思う。

それくらい嬉しかったし、当時の俺にとっては天にも昇るような優越感があった。

「おう、また明日な!」

見送る友達の言葉に、片手で挨拶しながら、俺は家族のもとに走り寄った。

その時の父、母、兄は、いつもとはまるで違う、満面の笑みを浮かべていた。

俺は嬉しさと戸惑いで、ドキドキしながら話しかけた。

「ねえ、今日は、どうしたの?」

すると父は、ぶっきらぼうにこう答えた。

「ああ、うん。ちょっとな。折角だから少し散歩して帰るか」

さきほどの笑顔からすると、些か拍子抜けするような声ではあった。それでも、家族が全員で迎えに来てくれたという事実に、俺は完全に舞い上がっていた。

そして、母親に手を引かれて歩き出す。

家とは、完全に真逆の方向に向かって、俺たちは歩いた。

五分、十分、三十分……。どれくらい歩いただろうか。

俺一人では、絶対に来ないであろう距離であり、今自分がどこを歩いているのかすら、分からなかった。

子供の足でこれだけ歩くと、さすがに足がしんどくなってくる。

耐え切れず口を開いた。

「ねぇ、どこまで歩くの？」

しかし、誰からも、返事は返ってこない。

確かに、家族と一緒に帰宅するのは、夢のような出来事ではあったが、俺の足はもう限界に近づいていた。

「ねぇ……ねぇ……？」

俺の問いかけも頻繁になってくる。すると、

「うるさい。さっさと歩け！」

と、父に一喝された。

それならば、と思い、いつも優しい母に同じように聞いてみた。

「ねぇねぇ、どこまで歩くの？」

ところが、ここでも思いもよらぬ言葉が返ってきた。

「おまえがあまりにも言うことを聞かないから、おまえを捨てに行くの！　黙ってついておいで！」

母は前を向いたまま、冷たくそう言い放った。

これには衝撃を受けたが、俄然、俺の中で違和感が強まった。

言葉の内容以前に、声がいつもの父や母とは少し違う。

決定的だったのは、さきほど母が使った「おまえ」という言葉だ。記憶している限り、母が俺のことを「おまえ」と呼んだことは一度もなかった。

機嫌が良い時は「○○ちゃん」だし、普通で「○○」。怒っていても「あんた」が関の山だ。

辺りは夕闇が広がり、夜の帳《とばり》が降り始めていた。

最初の嬉しさなどどこかへ消え、今はもう、孤独と恐怖しか俺の中にはなかった。

引き摺られるようにして歩きながら、必死に俺は考えた。

いつもは俺が寝てから帰宅する父が、こんな時間に帰宅するのは妙だ。

母親の病院もそんなに早く終わるはずがない。

さきほどからちらちら見ているが、父も母も兄も、迎えに来てくれた時同様、満面の笑みを浮かべている。たぶん、よそから見たら、とても幸せな家族にしか見えないだろう。

だが、俺にかける言葉は冷たく、明らかに不自然だ。俺はもう、彼らの笑顔が不気味でたまらなかった。

(……逃げよう)

そう、思った。

何故あの時、家族から逃げようと思いきれたのか、今でもよく分からない。

ただ、そうしなければ終わりだということが、子供心にも直感で分かったのかもしれない。

しかし、母親の手は、歩いている間中、必要以上にしっかりと俺の手を握り締めていた。とても子供の力では、振りほどけぬほどに。

俺は、母にお願いしてみた。

「ねぇ、お母さん。さっきからもう手が痛くなっちゃってるから、繋ぐ手を替えてくれない?」

と、握られているのとは逆の手を差し出してみる。

「て、手が痛くなくなれば、ちゃんとついて歩けるから!」

更に一声、続けて頼む。

必死だった。

母は一瞬、困った顔をしたが、それまで握っていた俺の手を、ふっと放した。

(今だ!)

俺は、一瞬の隙をつき、元来たほうへと走り出した。

今、自分がどこにいるのかは分からない。だが、いつも遊んでいた高圧電線の高い鉄塔が見えたから、それを目印に全力で駆けた。

身を翻して走り出したとき、家族は声をあげることもなく、俺はこのまま何ごともなく逃げ切れるかも……と思った。

が、次の瞬間、足音が聞こえてきた。

タッタッタッ……とかなら、走って追いかけてきている、とすぐ分かるのだが、後ろから近づいて来る足音は、ズッズッ……と靴の底を摺りながら、足を滑らせているかのような低い音だった。

音は、あっという間に、俺の背後まで近づいてくる。

もう、そこ。あとほんの少しで追いつかれてしまう。

ところが、何故かそれ以上距離は縮まらなかった。

あと一歩の間隔を残して音は続いている。

……まるで、俺が力尽きるのをそこで待っているかのように。

だが、火事場の馬鹿力というか、子供とはいえ、やはり死に物狂いだと日頃の能力以上の力が出るのかもしれない。

いつもなら、とっくに疲れて止まっているだろう距離を、俺は走り続けていた。

不思議なことに、走っている道すがら、誰一人としてすれ違うことがなかった。

俺の知らない土地を抜け、日頃からよく知っている土地に入ってもそれは同じだった。人が一人もいないのだ。

──今、俺は別の世界に連れてこられてしまって、もう家族とは会えないのかも……。

そう思うと、涙がこぼれたが、俺には走り続けるしかなかった。

そしてとうとう近所の町並みを通り過ぎ、自宅が見えるところまで来た。

だが、追ってくる足音は、まだ背後から聞こえている。

俺は、玄関の鍵が掛かっていたら、アウトだな……と思いつつ、走る足に力を込めた。

そして、家の前まで辿り着くと、そのままの勢いよく玄関の引き戸を引いた。

鍵は掛かっていなかった。

「○○！」

帰りが遅かったのを心配していたのか、母親が駆け寄ってくる。

「もう、どこを遊び歩いてたの！」

と、優しい母にしては怖い顔で怒られたが、そこにいるのは、いつもの俺の母だった。

それじゃあ、さっきの「母」は——？


そう考えると、今更ながら背筋がぞっとした。

さきほどの家族が家に入ってきやしないかビクビクしていると、俺の話を信じてくれたのか、母が父に電話で早く帰ってくるように頼んでいた。

父が勤め先から通報したらしく、すぐに警察が事情聴取にやって来た。俺は一生懸命起きたことを説明したが、警察は半信半疑だったのだろう。夢でも見たんじゃないかと疑うような顔をしていた。

だが、そんな警官に対しても、母は毅然として「どうして子供の言うことを信じないんですか？」と言い返してくれ、とても心強かった。

父も心配して早く帰ってきてくれたので、ようやく俺も安心して布団に入ることができた。その晩は、母がずっと添い寝をしてくれたのが、これまた嬉しかったのを覚えている。

その後、あの「家族のようなモノ」とは遭遇していない。

子供の頃、ただ一度体験した事実である。

山姥というもの

山姥というものをご存じだろうか？

元々は東北地方で起こった実話が元になっているという話も聞くが、どうやら全国津々浦々まで浸透しているようで、昔話に出てくる〈人を襲って食べるモノ〉としては、もっともポピュラーな存在と言えるだろう。

実は、俺の母の生まれ故郷である能登のとある場所にも、山姥の話はあった。

だが、これから書くのはそういう伝説とは些か異なり、実際に俺の従兄弟が体験した話になる。


海と山に囲まれたその町は今でこそ観光地化され、明るい雰囲気に様変わりしているが、俺が幼少期に訪れていた頃には、まだ〈行ってはいけない場所〉というのが沢山あった。

それは家族皆で、母方の実家に泊まりに行った時に起こった。

季節は夏。

俺が母方の実家に付いて行くのには理由があった。

それは、カブトムシやクワガタなどの昆虫を採るためだ。その当時、実家近くの山々では、それこそ無尽蔵にカブトムシやクワガタが採れたのだ。

ただ、カブトムシや他のクワガタはよく採れるのに、何故かミヤマクワガタだけはなかなか採れなかった。何とか手に入れたくて山に行くのだが、特にその年は一匹も採れなかった。

「ミヤマクワガタが採れないんじゃ、もうここに来る意味ないな！」

そう言った俺の言葉に、即座に従兄弟が反応した。

「いや、ある場所に行けば、たくさんいるんだよ！」

いる、絶対いると彼が言い張るので、俺はついこんな言葉をかけてしまった。

「それなら、採ってきてよ！」

従兄弟は少し考えていたが、

「待ってろ！　すぐ採ってきてやる」

そう言って、一人で再び山に行く準備を始め、無言のまま自転車で走り去った。

従兄弟は俺と同い年で、体格も良い男の子だったが、クワガタ目当てで遊びに来ている俺が、もう能登に来なくなってしまうのではと、不安になったのかもしれない。

何故なら、彼が向かった先は、大人でも近づかないようにしているいわくつきの山だったのだから。

しかし、その時の俺は、それがどれほど危険な行為なのかよく分かっていなかった。

だから、夕餉《ゆうげ》の時間になっても帰ってこない従兄弟について「おまえ何か知らないかい？」と母に聞かれた際も、平然と答えていた。

彼ならあの山に行ったよ、と……。

すると、母の顔色がみるみるうちに変わっていった。

そして、暗くなった頃には、彼の父親を含めた捜索隊が作られ、続々と山に入っていった。身内や近所の人たちだけではない。消防団員や警察を含めた、かなり大掛かりな捜索隊だった。

ようやく事の重大さを理解した俺は、自分の言動を激しく後悔した。だが、子供の俺にはどうすることもできず、彼の無事を祈りながら眠れぬ夜を過ごすばかりだった。


その夜、どのような捜索があったかはよく知らないが、従兄弟は明け方近くに発見され、そのまま病院に収容された。

そして、その夏俺が母方の実家を離れる日まで、ずっと入院したままであった。

帰る前に一度会いたい、会って謝りたいと願ったが、それも叶わなかった。母は、「知らないほうがいい」と言うばかりで何も教えてはくれず、見舞いに行くことも禁止されてしまった。

それから長い年月が流れ、従兄弟と再会できたのはお互い大人になってからであった。

実際には親戚の葬儀などで顔を合わせることはあったのだが、どこか避けられているような気がしてしまい、なかなか声をかけることができなかった。

そんな感じで時間ばかりが過ぎていったのだが、ある日突然、従兄弟から連絡が入った。

近くまで出てきたから、一緒に飲まないか、という誘いだった。

ずっとあの時のことを後悔していた俺にとって、その誘いを断る理由などなかった。

当日、俺は長年心に閊《つか》えていたあの日のことについて、彼に聞いてみた。

「なあ、あの時のことだけど……」

「……」

すると、彼は少し考えた末に、黙って服を脱ぎ、背中を見せてくれた。

そこには右の肩甲骨から左の腰まで斜めに縦断する、深く大きな傷跡が残っていた。

俺は、アッと息をのみ、その傷を凝視した。

彼は深呼吸をひとつすると、ゆっくりと話してくれた。

以下がその内容である。


あの日、いわくつきの山に登った彼は、すぐに後悔し、山を下りようとした。

山に立ち入った時から、ずっと誰かに監視されているような感覚があったのだという。

しかし、山の中が急に真っ暗になり、鳥や虫の音がピタッと消えた。

闇。無音。

何も聞こえず、何も見えず……。

そんな状態でただその場にうずくまっていた彼だったが、突然、漆黒の闇の奥にロウソクでも灯るようにゆらゆらとした明かりが見えた。

(もしかしたら山小屋でもあるのかもしれない!)

彼は藁にも縋る思いでその明かりを目指して歩き出した。

かなり遠くに感じた明かりだったが、少し足を動かせばもう、一軒の家の前に来ていた。

古い木造の家だったが、不思議と怖い感じはしなかった。

普通に考えれば、そんな家が山の中にあること自体異常なのだが、その時はそれが至極当然に思え、吸い寄せられるかのように玄関の引き戸に手を掛けていた。

と、その瞬間、戸が勢いよく内側から開かれ、中から彼の母親と同じくらいの年齢の女性が二人現れた。

「よく来たね。さ、入って入って!」

にこやかにそう言われ、彼は急かされるように家の中へと入った。

そこは土間と囲炉裏の古風な造りになっており、何やらぐつぐつと鍋が煮えていた。

「お腹は空いてないかね?」

その言葉に、忘れていた空腹が一気に甦る。無言のまま腹に手を置くと、女たちはにっこりして囲炉裏の側に座るよう彼を促した。

そして、奇妙な鍋料理を彼に振る舞ってくれたという。

汁に入っている肉は、それまで食べたことがないようなものであり、味付けも塩だけという感じだったが、不思議と美味しく、彼は何杯もおかわりをした。

そのうち急に睡魔に襲われた彼は、そのまま眠ってしまった。

どのくらい寝ていたのだろうか。

目が覚めると、そこは薄暗い洞窟のような場所であった。彼は剥き出しの土の上に、うつ伏せに寝かされていた。

顔を横に向けると、先ほどの女たちの姿はなく、代わりに年老いた老婆が二人立っているのが見えた。

しかし、その老婆が着ているボロボロの着物とギラギラとした目は、彼に危険だと知らせるには十分なものがあった。

とっさに起き上がろうとしたが、何かに押さえつけられているのか、全く身動きが取れない。

すると、突然背中に激痛が走った。

それまで体験したことのない、ものすごい痛みだった。

衝撃に大声を出しそうになったが、何故か声は出ない。

今、自分が何をされているのか、全く分からなかった。

しかし、もがきながら横を見た時、老婆たちの手に包丁のようなものが握られているのが見え、背中の痛みが切られた痛みだと悟ったらしい。

だが、痛みとは裏腹に何故か血は一滴も出なかった。

(俺は、殺されるんだ……)

子供心にも死を意識し、それを受け入れるしかない現実に彼は絶望した。

その時、突然、彼に覆い被さってくるものがあった。

(怖いかもしれんが頑張れ。必ず助けてやる……)

その声は数年前に亡くなった祖父の声に聞こえた。

温もりが背中から伝わってきて、彼はほんの一瞬だが気持ちが安らいだ。

一人ぼっちではないという事実だけが彼の正気を支えていた。

だが、それも長くは持たなかった。

彼は背中越しに聞こえてくるヒャヒャヒャという老婆の笑い声と、何かを包丁で刺し、切りつけているような音を聞いているうちにどんどん意識が遠くなっていった。

そして、気がついた時には、小さな岩穴の中に倒れている所を捜索隊に発見され、そのまま病院に担ぎ込まれたという。

その後、警察の事情聴取の際、彼が倒れていた場所には大きな出刃包丁が落ちており、彼とは違う血液型の血溜まりができていたと聞かされた。

結局は不審者による犯行と断定されたのだが、どうやらその地域に住む人たちにとっては、それが誰の仕業なのかが分かっていたという。

昔からそこは山姥が住んでいると言われており、昔は相当数の人間が襲われ、行方不明になっていた。だからこそ、その山は大人さえ近寄らぬ禁域となっていたのだ。

そんな山も最後まで開発の手が付けられなかったが、数年前には温泉が出たということで、今は保養施設になってしまっているらしい。

山姥は一体どこへ消えたのだろうか？

同窓会が怖い!!

これは俺が体験した話である。

正月休みや盆休みなどを利用して、よく行われるのが同窓会。

俺の妻も毎年、お洒落して同窓会へと出掛けていく。

本当に楽しそうな顔で帰ってくるのを見ると、やはり羨ましいものだが、俺はある出来事があってからというもの、同窓会というものには一切参加できなくなってしまった。

それは今からかなり昔のこと、大学を卒業して社会人になった頃に遡る。この年、中学の同窓会が行われることになった。卒業後初の同窓会ということもあり、俺もとても楽しみにしていた。

いよいよ当日、指定された片町の店に行ってみると、ほぼ全員参加ではないかと思えるほどの人数が集まり、会場は大いに盛り上がっていた。

当時の担任の先生もいらっしゃって、俺を見つけると、大きな声を掛けてくれた。先生も随分お年をめされたが、同級生のなかにも既に頭部が薄くなっている者がいる。不良からそのままヤクザ屋さんになってしまった者、結婚した者、既に離婚を経験した者など、それぞれ重ねてきた年月を感じたが、こうして集まれば中学生の顔で盛り上がる俺たちがいた。

そして、一次会が終わり二次会、更に三次会へと店を移動する。結局、最後の店まで残っていたのは俺を含めて八人ほど。ただ、そのメンバーを見回した時、どうしても苗字の思い出せない女性が一人いた。

「あのさ、彼女の名前なんだっけ?」

俺はこっそり横に座った他の女友達に聞いてみる。

「えー、覚えてないの? A村さんだよ。まあ、大人しい女子だったから覚えてないのも無理ないかもね」

そう言われて、一生懸命に思い出そうとするが、やはり思い出せない。

大人しい子だったというが、確かにこの同窓会の席でも、A村という女性は、いつも端っこのほうに座り、積極的に喋ることもなく、ただニコニコと笑っているだけのような気がした。でも、そういう性格の女性でも同窓会に来てくれたこと、あまつさえ三次会まで付いて来てくれたことが嬉しかった。ああ、いいクラスだったんだなと改めて思う。

嬉しくて、楽しくて、ついつい杯を重ねていると、突然、背後から声を掛けられた。

A村さんだった。

俺は驚いてしまい、何を話していいのか分からず一瞬ぼけっとしてしまった。が、彼女は笑って自分から色々と話しかけてきてくれた。

中三の時、こんなことがあって面白かったとか、こんなことをしてくれて嬉しかったとか、色んな思い出話を聞かされているうちに、何となく「ああ、そういえば……」と思う。非常に朧気ではあるが、少しだけ彼女の存在を思い出せたような気がした。

それより、彼女の話す思い出話が俺のことばかりだったので、おや？　と思った。いやいやまさかと打ち消すが、俺もだいぶ酔っていたのだろう。

「もしかして、俺のこと好きだったとか？」と冗談まじりに聞いてみると、なんと黙って頷かれてしまった。

それまでモテた記憶などない俺は、半信半疑ながらも少々舞い上がってしまい、その晩はずっと彼女と飲み、飽きることなく話をした。

そうして三次会のバーも閉店時間になり、これでお開きという段。俺たちは連絡先を交換した。

「私、今は家族の都合で引っ越して、H県に住んでるの」

彼女はそう言って、新しい住所を俺に教えてくれた。

その日以来、彼女から頻繁に電話が掛かってくるようになった。

同窓会の席では話しきれなかったことも含め、俺たちは本当に色々な話をした。もっぱら電話のみの交流であったが、会話を重ねるうち、いつしか俺も彼女に好意を抱くようになっていた。

そんなある日、偶然、H県まで行く仕事が入った。それも俺一人で、だ。これはもう、会いに行くしかない。突然会いに行ってびっくりさせてやろうと心に決めた。

当日、若干強引に仕事を切り上げた俺は、急いで教えてもらった住所へと営業車を走らせた。途中、何度か道に迷ったが、何とか暗くなる前に彼女の自宅へと辿り着く。

夕暮れを背にして建つ彼女の家は、思っていたよりも小さく、ひっそりとしていた。

平日だし、まだ彼女は帰宅していないかもしれないと思ったが、思い切って玄関まで行き、呼び鈴を鳴らしてみる。

すると、しばらくして玄関のドアが開いた。

出てきたのは彼女とよく似た面差しの女性、一目で「あ、彼女のお母さんだろうな」と思った。

「あの……どちら様でしょうか?」

戸惑いの滲む表情で聞かれ、俺は慌てて背筋を伸ばした。

「突然すみません。僕は○○中学の同級生で、Kという者なんですが……」

そう言うと、何故か怪訝な顔をされた。俺は少々焦りながら、

「先日、娘さんと同窓会でお会いしまして、それで住所を教えてくれたものですから、仕事で近くに来たついでにその……、つい寄ってしまいました!」と元気良く続けた。

すると、彼女の母親は少しムッとして俺を睨み付けた。

「……うちの娘は、高校一年の時にこちらに引っ越してきて、すぐ交通事故で他界してます。こういう悪戯《いたずら》って良くないと思いますよ！」

刺々《とげとげ》しくそう言われ、俺はすっかり混乱した。

「いや、そんなことはないはずです。だって、先日の同窓会では、俺の他にも大勢の人間が娘さんを見ていますし、その後だって、何回も娘さんと電話で話して……」

懸命に言い募る俺に、母親はやれやれといった顔をしながら家の中へとあげてくれた。

そして、案内されるままに家の中を進むと一番奥の部屋へと連れて行かれた。

部屋に入ると、微かに線香の香りが漂い、慄然とする。正面に設えられた黒い仏壇、そこには確かに彼女の位牌と写真が納められていた。

「大丈夫ですか？」

俺の顔が余程蒼ざめていたのか、さっきまでつっけんどんだった母親が声を掛けてくれる。だが俺はもう、何も言葉を発することができなくなっていた。そのまま茫然自失状態で彼女の家を後にする。

帰りの車のなかであれこれ考えてみたが、やはり俺を騙すために仏壇の写真まで用意したとは思えない。そもそも今日の訪問は突然で、彼女は何も知らなかったのだから。

ということはお母さんの言う通り、彼女は本当に——……。

そういう結論に至るしかなかった。

一旦、会社に戻ってから帰宅すると、見計らったように彼女から電話が掛かってきた。

いつもの時間、いつものコール音。

だが、それを取る勇気はなく、そのまま居留守を使った。

それからも彼女の電話は続き、そのたびに俺はだんまりを決め込んだ。

そうしてしばらくすると、もう彼女からの電話は掛かってこなくなった。


そして、翌年の正月明け。またしても同窓会の案内が来た。

俺は、迷うことなく不参加に○をつけて返送した。

ただ、参加した仲間の事後報告によれば、やはりその年もA村さんは来ていたという。

あれ以来、たびたび開催されている同窓会。参加者の欄には必ずA村さんの名前がある。

俺はあの日、彼女の実家を訪れて知ってしまった事実について、誰にも話してはいない。

若くして死んでしまった彼女の唯一の楽しみが、他の同窓生たちと同じように年をとっていく姿を共有することなのだとしたら、それは誰にも邪魔されるべきものではないと思ったから。

去年の同窓会にも、彼女はいた。

そして、今年も——またひとつ年をとって彼女は出席するのだろう。

人を斬った刀というもの

これは俺が体験した話である。

俺の親戚に、医者をしている夫婦がいる。

かなり大きな病院の院長をしていたのだが、子供がおらず、小さい頃は俺や兄が遊びに行くと、とても歓待された。

夫妻の家は広大な病院の敷地の外れに建っており、かなりの豪邸であった。だから、俺も兄もその家に遊びに行くのが楽しみで仕方なかったが、一度、俺を養子にしたいという話が持ち上がって以来、足が遠のいてしまった。やはり、養子に出されるかもしれないというのが余程怖かったのだろう。これはそれ以前の行き来が頻々だった頃の話である。

叔父の家は、お金持ちだけあって、子供心をくすぐるお宝がたくさんあった。中でも特に俺の興味を引いたのが、叔父の集めていた日本刀のコレクションだった。

叔父は、俺が行くたびに新しい刀を持ってきては、その刀についての蘊蓄《うんちく》を話してくれた。美しい武器と歴史ロマン。男の子にとってそれは、興味を通り越して憧れのようなものであった。

実際に手に持たせてもらったこともあるが、その重量感はハンパなく、鞘から出た抜き身の刃は、得も言われぬ生々しさと恐ろしさがあった。

もしも今、手を滑らしこの刀を落としてしまったら……俺の手など簡単に切り落とされてしまうだろう……。

そう実感できるほどの危うさと鋭さ、何より妖しい美しさを孕《はら》んでいた。


そんなわけで、俺はその家に行くといつも、「刀を見せて！」と叔父にせがんだ。叔父と一緒に、お宝が保管されている倉庫に連れて行ってもらい、その中から、その日見せてもらう刀を選ぶのだ。叔父も、息子とこんな風に語らうのが夢だったのだろう、俺のリクエストを断ったことは一度もなかった。

だが、ある日。

俺はその倉庫で、刀が入っていると思《おぼ》しき不思議な箱を見つける。

他の日本刀が白木の真新しい箱に保管されているのに対して、その木箱だけは茶色に変色し、赤黒い汚れが至る所に付いていた。

木箱には鉄製の鍵がついており、更に他の木箱から隔離されるように、それだけ鍵の付いた戸棚に収められていた。

「ねえ叔父さん、これも日本刀なの？」

指をさして聞いてみると、叔父の表情が心なしか引き締まった。

「うん、そうだよ。でも、これは見せられないんだ。ごめんね」

叔父はそれ以上何も言わなかったが、初めて断られた俺は少し吃驚《びっくり》していた。

いつもと違う雰囲気にその時はそれで諦めたのだが、以来、その刀のことが気になって頭から離れなくなってしまった。叔父さんに会う度に、「ねぇ、やっぱり、あの刀は見せてくれないの？」と、しつこく聞いていたのを覚えている。叔父さんの答えも毎度変わらず、苦笑いで「ごめんね」とだけ返してくれた。


時が流れて、大学生の時分。

俺は神戸の大学から金沢の実家に帰省し、バイトをしながら、気が向くとバイクでどこかへ出かけるといった夏休みを過ごしていた。

そして、バイト代も底を突きかけたある日、俺は、叔父さんの家に行くことを思いついた。養子の一件以来ご無沙汰になっていたが、もういいんじゃないかなと思った。昔は遊びに行くと必ずお小遣いをくれたから、ちょっぴりそれを期待したのだ。我ながらとんでもない奴であるが、その時はいいことを思いついたぞ、ぐらいの気持ちだった……。

早速バイクを駆り、叔父夫婦の家に行く。

久しぶりだったせいか熱烈なまでに歓迎され、会話も弾み、あっという間に夜になってしまった。「泊まっていけば？」というありがたいお言葉を頂戴した俺は、当然のごとくその夜は叔父の家に泊めてもらうことにした。

晩ご飯は、近くの高級寿司店でごちそうになり、家に戻ってからも楽しい飲み会が続く。

そして酒が回って、良い気分になってきた頃、突然叔父が口を開いた。

「そういえば、おまえ。小さい頃いつもあの日本刀のことばかり聞いていたが、今でも見たいと思ってるのか？」

正直なところ、言われるまではすっかり忘れていた。

だが、叔父に言われて、どっと幼い頃の記憶が蘇ってきた。脳裏に、あの鍵のかかった日本刀の木箱が思い浮かんだ瞬間、俺は頷いた。

「勿論、見たいよ！　でも駄目なんでしょ？」

すると、お酒のせいなのか、叔父は初めてこう言った。

「それじゃあ、見せてやるか。おまえももう大人だしな、これからの人生、そういうものが存在するのを知っとくのも、良い勉強になるだろう」

叔父はそう言うと、そそくさと席を立ち、五分くらいしてまた戻ってきた。

その手には、大事そうに抱えられた例の木箱があった。

目の前に置かれた木箱は、幼い頃の記憶そのままだった。

茶色に変色した古い木箱には、まるで飛び散ったかのように赤黒い汚れが付着している。

そして、錆びたような金属で鍵が掛けられているのだ。

そう、子供の頃はそれを表する言葉を思いつけなかったが、今なら分かる……これは〈封印〉だ。

箱を前にした叔父は、真顔になってこう言った。

「最後にもう一度聞くが、本当に見たいんだな？　見たいのなら、それなりの覚悟を持ってくれ。これは、そういう類のものだから……」

曰《いわ》く、これを見る時は、絶対に面白半分な気持ちで見てはいけない。

怖がってもいい。

だが、馬鹿にしたり、茶化したりするのはもっての外。

畏敬の念をしっかりと持って見て欲しい。

——重ねてそれを言い含められた。

「じゃあ、開けるぞ？」

「う、うん」

古めかしい鍵が鍵穴に差し込まれ、かちっと低い音がする。

俺は説明しようのない緊張感で、すっかり酔いが醒めていた。

叔父が木箱の蓋を持ち上げると、何やら掛け軸のような巻物と、日本刀の入った布袋が見えた。布袋には、お経のような文字が隙間なく書き込まれており、更に合計四枚の御札が貼られていた。

「この御札は、毎年新しいものに変えているんだよ。今日はちょうどそれを貼り替える日でな……」

叔父さんはそう言いながら丁寧に御札を剥がし、布袋から日本刀を取り出した。

「……っ」

目にした瞬間、全身に鳥肌が立つのを感じた。

やはり、その日本刀は異様だった。

鞘に収められている状態でありながら、殺気というか、恐怖が感じられるのだ。

「おまえにこの刀を見せなかったのには理由があってな。実は、この刀、江戸時代前期のものなんだが、過去に何人もの命を奪っている。それは戦であったり、果たし合いであったり、理由は様々だが、いずれにせよ、この刀の持ち主は決して負けることなく、常に相手を斬り殺してきた」

「……」

「最後に人を斬ったのは、処刑場での斬首に使われた時と言われている。そうやって、斬られた者たちの怨念を取り込みながら、この刀は今も存在しているんだ。ただ、不思議なのは……」

――何故か、この刀には刃こぼれが一つもない。

「普通は実戦でぶつかり合うたびに刃こぼれしてしまうものなんだがな……まさに奇跡の日本刀だよ」

明治以降、この日本刀は美術品として様々な人の手に渡った。

確かに、大変な価値がある刀だったから、それこそ数多《あまた》の美術収集家たちがこぞってこの刀を所有したがった。

だが、この刀は人を斬れなくなってからも、ずっと誰かを斬りたいと思っていたのかもしれない。刀を所有した者たちがある日突然、気が狂ったように家族や周りにいる人たちに斬りかかったのだ。

まるで、刀の意志に人が操られてしまったかのように……。

さすがに死人が出ることはなかったが、それでも斬った人も斬られた人も、その後は悲惨な人生を送ることになった。

この刀は呪われている——いつしか人はこの刀を忌み嫌うようになった。

「まぁ、きちんと供養して御札で封印するようになってからは、そうした事件は起こらなくなったんだけどな」

叔父はそう言うと、今度は掛け軸を手にとって開いて見せた。

そこには、首だけを石の上に置かれて晒されている男の姿が描かれていた。

得体の知れない描写に見ているだけで、悪寒と吐き気がする。

何も言えないでいる俺に、叔父さんはこう続けた。

「どういう理由かは分からんが、処刑場でこの刀を使って斬首された侍の姿がこうして掛け軸として描かれているんだそうだ」

叔父はその日本刀を鞘から抜くと、俺の目の前にかざした。


——呪われた妖気。


そんな言葉がすぐに頭に浮かんだ。

見ているだけで、嫌な汗が噴き出てくる感覚……。

だが、それと同時に魅入られるような、不思議な興奮を覚える。

……はっきり言えば、人を斬りたいという衝動に駆られてしまった。

「もう、十分です」

絞り出すようにそう言うと、叔父はすぐに刀を鞘に収め、布袋に真新しい御札を貼ると、掛け軸とともに手際よく木箱に納めた。

俺は何故かぐったりと疲れきってしまい、肩で息をしていた。

叔父はそんな俺の様子をじっと見つめ、なかば独り言のようにこう呟いた。

「まあ、世の中にはこういう曰くつきの物が沢山存在しているってことだ。だが、これだけの本物を見る機会もそうそうあるもんじゃないからな……」

「……」

どこか、夢見るような声だと思った。

叔父はある意味、この日本刀の持つ妖気に魅入られてしまっているのかもしれない。

それでも最後は少し笑って、「おまえも今見たことを糧《かて》として、今後の人生でこういう曰くつきの物に魅入られないような生き方をすれば良いんだよ」と言ってくれたが。

小遣いをもらうどころではなく、叔父の家から帰ってきた俺は、その夜から悪夢に悩まされるようになった。

見知らぬ侍が夢の中に現れては、「人が斬りたい、おまえを斬らせてくれ！」と追いかけてくるのだ。

そして、ある晩のこと。

今でもはっきりと覚えているのだが、真夜中に何かの気配で目が覚めた。

金縛りというのとも違う。体は普通に動いたから。

ふと感じた気配に、仰け反るようにぐぅっと視線を頭の上のほうに向けると、そこには、侍姿の男が正座していた。ただ、首から上の部分があるべき場所になく、何故か彼の手に抱えられるようにして、正座した膝の上に置かれている。

「……ッ」

見てはいけないと思うのに、何故か視線を逸らすことができなかった。

（……斬首された侍の霊なのか？）

男の膝に置かれた首は悲しそうな目で、じっと俺を見つめていた。

（何故、俺のところに出てくるんだ……）

理不尽な思いを抱えつつ、同時に、どうすればいいだろうと必死に考える。

そして、俺は胸の中で一生懸命、侍に語り掛けた。

（貴方を斬ったあの刀はもうすでに封印され、人を傷つけることはできません。だから、安心してください……）

すると、侍はゆっくりと立ち上がり、そのまま徐々に薄くなり消えていった。

それからはもう、怪異も悪夢も見なくなった。

あの日本刀は、今もあの家に保管されているのだろうか――？

お寺に安置されている幽霊画の話

これは、いつもお世話になっている富山県のお寺での話。

こちらの住職には以前、憑依された友人を助けてもらった御恩があるのだが、やはりその筋では有名らしい。霊絡みの問題で悩む人々の相談に乗り、退魔師的な仕事もこなすため、いつも全国を飛び回っている。まさに、知る人ぞ知る能力者なのだ。

しかし、俺とは年も近いせいか、あまりそういうことは意識せず、良き友人として互いを認知し合っている。

彼は退魔師として仕事をこなしても、けして高額の謝礼を受け取ることはない。もらうのは交通費など、必要経費のみと決めている。俺なんかは、もっと取ってもいいんじゃない？　なんて思うのだが、彼曰く、「金銭的余裕は人を堕落させる。俺の本業は、あくまで檀家さんのお墓を護ることだからな。退魔的な仕事はあくまでもオマケだよ、オマケ」とのこと。

そんなボランティア精神あふれる彼の元には、全国から様々な曰くつきの品々が引きも切らずに送られてくる。ある時は写真、ある時は人形……。

「こんなの勝手に送って来られても困るよなぁ」

ついそんな感想を漏らすと、住職は苦笑いで、「そういうおまえも、何点か勝手に置いていったのあるよな～」と返してくる（その通りです、すみません）。

清めて欲しい、処分して欲しいということなのだが、正直なところ、ほとんどがもう手の付けられない、厳重に保管しておくしかない、というシロモノばかりなのだそうだ。

実際、所有しているだけでも危険なものが多く、毎日のお祈りが欠かせないと言っていた。本当に大変な仕事だと思う。

寺に遊びに行くと、たまにそういう曰くつきの品を見せてくれるのだが、中でも忘れられないものが一つある。

それは、一幅の掛け軸に描かれた幽霊画だ。

丸山応挙など有名な絵師のものではなく、あくまで作者不詳の画であるが、一目見た瞬間、異様な迫力に呑まれた。

全身痩せ細った女の幽霊が、恨みに淀む眼差しでこちらに手を伸ばし、立っている。傍らには、女に呪い殺された男が四肢の関節をバラバラに捻じ曲げられた状態で横たわっている……そんな絵だ。

それほど古いものでもなく、多分明治時代の作だろうと言うのだが、不気味なのはそれが、人間の血を使って描かれているらしいという点だった。固まったどす黒い赤が、その異様さを際立たせている。

その幽霊画は、過去に数え切れないほどのコレクターの手に渡り、そのたびにすぐ手放された。

どうやらとてつもない怪異が、その所有者を襲うらしい。

詳しくは教えてもらえなかったのだが、住職曰く、その幽霊画を所有した者で原因不明の死を遂げた者が大勢いるらしい。

確かに、凄まじい妖気や怨念が感じられ、見ているだけでも心臓が締め付けられるような心地がした。

そんな危険な絵だから、常日頃は、何重もの木箱に入れ、それぞれに封印をし、最後に鉄の箱に入れた状態で、お寺のご本尊の下に納めている。それだけ厳重に保管しても、夜、唸り声が聞こえたり、住職の寝室の戸が叩かれたりするのはしょっちゅうで、翌朝確認すると、案の定鉄の箱が開いており、更に中の木箱が割れているのだという。

住職はその度に更なる封印を施し、厳重に保管し直すということを繰り返している。

「え……それじゃ、お金掛かってしょうがないだろ？」と聞けば、

「まあ、根競《こんくら》べだな」と笑っている。

「怖くないの？」

「いやぁ、お寺の和尚が幽霊を怖がってちゃ商売にならんだろ？」

住職はそう言って、肩を竦めてみせた。

さて、この幽霊画を見せてもらった後の話である。

寺からの帰り道、自宅に向かって車を走らせていると、住職から電話が掛かってきた。

「あっ、もしもし、今どこ？」

「今どこって……帰ってるところだよ。もうすぐ金沢市かな」

そう言うと、とんでもないセリフが耳に飛び込んできた。

「悪いけどさ。戻ってきてくれ。今すぐ。それと、俺のやった護符持ってると思うから、それをすぐに手でしっかりと握り締めてくれ。あとは、ゆっくりと走ってきてくれればいい」

さすがに、もうかなりの距離を走っていた俺は、目を白黒させた。

「あ、あのさ、用事があるんなら、来週じゃ駄目なの？」

すると、ちょっと間があって、ぼそぼそと返事が返ってくる。

「あー、その、あんまり言いたくなかったんだが、どうやら、おまえにあの幽霊画を見せた際に、中の幽霊がおまえに憑いてっちまったみたいだ」

「な……」

「まあ、幽霊と来週まで一緒に過ごす気があるのなら止めないけど……。でも、護符もそいつにはそう長く効かないだろうし、取り殺されるぞ、間違いなく」

「……」

「あっ、それとな。絶対にルームミラー見たり、振り返ったりするな。今、おまえの肩越しからおまえのこと睨んでる。隙あらば、取り殺そうとしてるんだな……。そいつの顔間近で見たら、たぶん心臓が止まると思うから気をつけろ。過去に殺されたのも、みんなそうやって死んでいったみたいだから……」

ということで、安全運転でヨロシク！　と言われ、電話は無情にこと切れた。


それから俺は、一も二もなくUターンし、慌ててお寺へと逆戻りした。

背後から感じる殺気に気がおかしくなりそうだったが、スピードを出すと事故死させられるような気がしたので、言われた通り「安全運転、安全運転」と念じながらハンドルを握り続けた。

ようやく寺に着くと、出迎えてくれた住職に、急いで車から降りるように言われ、転がり出る。どうやら幽霊は俺ではなく、車にとり憑く先を変えていたらしい。

仕方なく、その日は車を置いて帰ることになった。

タクシーが到着し、乗り込む際。ふと俺は、ぽつんと残された自分の車を見てしまった。

するとそこには、大きな顔の女が……あの幽霊画そのままの女が、窓に張りつくようにしてじっとりとこちらを睨んでいた。

その日は、無事に家に帰れたものの、一晩中高熱にうなされた。

数日後、住職から車の除霊が済んだとの連絡がきたが、もうその車に乗る勇気がもてず、そのまま手放してしまった。

あの幽霊画の女の顔は、今も俺の脳裏から消えることはない。

たぶん、これからもずっと。

大工の知人

知人は大工という職業を選んだ。

何故こんな書き方をするのかと言えば、彼が東大卒だからである。

元々は大学で建築工学を研究していたらしいのだが、そのうちに伝統的な技術を古から伝えている大工という職業に興味を持ち、深く調べていくうちにすっかり魅了されてしまったのだという。

そんな彼だが、どこのハウスメーカーにも属さず、昔ながらの一人大工というスタンスを貫いている。

もっとも、彼が家を建てる時の理論は独特で、既存のものとはまるで違うらしいので、企業では怖くて使えないというのもあるのかもしれない。

そんな彼と久しぶりに飲む機会があり、色々と面白い話を聞かせてもらった。

「どう仕事、順調?」

「ああ、お蔭様でな。不思議なくらい上手くいってる。けど……」

「なんか悩みでもあるのか?」

彼は大きく頷くと、顔をしかめて言った。

「実はな……幽霊が出るんだよ」

彼は出入りの設計事務所から仕事の発注を受けるケースが多いのだが、建物を建てている最中に、ソレは出るのだという。

彼の建築方法には〈棟上《むねあげ》〉というものがなく、基本的には一階部分から順に建てていく。専門的なことはよく分からないが、そのやり方だと工期も短く、他の大工さんなら三、四ヶ月かかるところ、ほぼ二ヶ月で完成してしまうらしい。

最初は何も起こらない。

しかし、一階部分の壁ができはじめると、きまってソレは現れた。

男性だったり、女性だったり。

子供だったり、お年寄りだったり。

決まった姿はないのだが、家ができあがっていく間、ソレは様々な姿をとって現れた。

朝、現場に到着すると、場合によっては数人が家の外や中に立っていることもある。

最初は、誰なの？　と思い声をかけていたらしいのだが、全く反応がなく、そのうちにそれらが人ではないことに気付いたという。

なんとも不気味な話である。しかし、何をしてくる訳でもなく、ただそこに立っているだけなので、いつしか彼も気にしなくなった。

しかし、そんな中にもやはり危険なモノというのは存在する。

例えば、彼が一階部分で作業をしていると、突然上から何かが落ちてくる。見ると、電動ドリルや電動ノコギリなどいずれも重量物であり、もしこれが当たっていたら……と思うと、冷や汗モノらしい。

何より、上から落とされた電動工具のほとんどは、落ちた高さからは想像もできないほどめちゃくちゃに壊れ、修理すら不可能なのだという。

さすがに高価な電動工具を壊されてはたまらないということで、彼は改めてじっくりと考えてみた。

すると、建てている家にも、幽霊が出る家と出ない家があることに気が付いた。

そして、様々な仮説を立てて当てはめていった結果、ある結論に辿り着いた。

曰く、〈風水〉と言われるものが関係しているのではないか、というのだ。

「家を建てる際に方角が悪かったり、気がうまく流れない造りになっていると、間違いなく霊が出る。逆にちゃんとできてる家なら出てこない」

それ以来、彼は風水についても勉強し、その分野でもすっかり博識になった。今では設計の段階から、色々と口を出すようになったという。

ちなみに、彼は幽霊というものが全く怖くないのだという。

「だって、幽霊だってこの空間を構成する一つの要素なわけだろ？」

それが彼の口癖なのだが、その言い回しがなんとも東大卒らしいと感じるのは俺だけだろうか。

確かに声が聞こえた

これは俺の友人から聞いた話である。

友人の父親は左官業を生業としていた。

左官とは、建物の壁や床、土壁などを、こてを使って塗り固める仕事である。

彼の父親は、何人かの従業員を使っている左官屋の社長であった。

実は俺も、大学時代にバイトさせて貰ったことがあるのだが、正直かなりの重労働であり、早々に音を上げてしまったのを覚えている。

それはさておき、左官屋の息子として育った友人は、小さな頃から色んな現場に連れて行かれ、そこで雑用をさせられていたという。

きっと父親は、彼に後を継がせるつもりだったのだろう。


しかし、いつしか友人が現場に行くと、必ず見慣れない男の子の姿を目撃するようになった。小学校低学年くらいの子で、いかにも「お金持ちのお坊ちゃん」といった感じの服を着ている。その子が少し離れたところから彼の父親を指差し、ジッと見つめているのだ。

最初は気にしなかった友人だが、やはり段々と心配になってしまい、ある時、父親にそのことを話した。

「馬鹿なことを言うな！」

父親は、頭ごなしにそう怒鳴った。そんなに怒るとは思わなかったので、彼も吃驚したらしいが、何故かその時、父親の体は小さく震えていたという。

おまけに、その日以来、父親が彼を現場に連れて行くことはなくなった。


年月は流れ、友人は普通に大学を卒業し、左官とは無関係の製薬メーカーに就職した。

その頃、彼の父親はというと、既に左官業を引退し、病院で入院生活を送っていた。末期のがんに冒されていたのだ。

友人が何度目かのお見舞いに訪れた際、初めて父が打ち明けてくれたのが、以下に記す話である。


それは、友人の父がまだ左官屋として、駆け出しの頃――。

ある嵐の夜、突然見知らぬ人間から電話が入った。

嵐で雨漏りが酷いので、見て欲しいとのことだった。

彼は何となく嫌な予感がしたらしいのだが、かなり困っている雰囲気だったので、とりあえず状態を確認しに伺うと告げた。

教えられた住所に行くと、そこはかなりの豪邸だった。

何かの間違いだろうかと、恐る恐る呼び鈴を押すと、待ちかねた様子の家人が現れ、家の中へと招き入れてくれた。

そうして、急かされるように連れて行かれたのは、豪邸の一階から地下に降りた所にある鉄の扉の前だった。

「あの……雨漏りですよね？」

思わずそう尋ねた。

主人はそれには答えず、じっと彼の顔を見た。

「……細かいことは聞かないでくれ。とにかく、この鉄の扉を壁として塗りつぶして欲しい。それさえしてくれれば、君のこれからの仕事は保証させてもらう」

正直、彼は即答で断ろうと思った。

この話にはきっと語られていない闇の部分がある……。

そう思ったから。

しかし、その主人の態度を見ていると、もしここで断ったら、自分も無事に帰してはもらえまい……と、そんな気がしてきたという。

胸騒ぎは焦燥に変わり、彼は肚《はら》を決めた。急いで車に戻ると、道具と材料を用意して、早速地下の鉄扉を塗り潰す作業にかかった。

その時である。

何かが聞こえた。

それは、間違いなく子供の声、いや、子供が助けを求める叫び声に聞こえたという。

彼は作業の手を止め、背後にいる主人を振り返った。今、声がしませんでしたか？　と、そう尋ねるつもりだったが、一瞬にしてその言葉は消えた。

「……っ」

いつの間に来ていたのか、そこには家族と思しき顔がずらりと並んでいた。おまけに、どれもこれも人とは思えぬような不気味な笑みを浮かべているのだ。

「君は何も聞いてはいない。だから、早く作業を進めなさい」

主人からそう言われ、彼は震える手で再び作業を再開した。

そして、何重にも土壁を塗っていくうちに、ずっと聞こえ続けている声は徐々に小さくなり、やがて聞こえなくなった。


作業が終わると、彼は謝礼の入った封筒を渡され、他言無用と念押しされたのち、無事解放された。

家に帰って封筒の中を見ると、常識を超えた額が入っている。ああ、やっぱりあれはヤバい仕事だったのだと確信し、へなへなと力が抜けた。

しかし、その日から彼の元には件の家からの依頼が殺到し、あっという間に仕事は軌道に乗った。そうして順調に業績を伸ばしていくうちに、彼もあの夜のことはすっかり忘れてしまう。

ところが、ある日を境に異変が起きた。

夢である。夢に、一人の子供が出てくるようになったのだ。

夢の中で少年は何も言わず、じっと恨めしそうな顔で彼を見つめている。

ただそれだけなのであるが、目覚めは重く、陰鬱だった。

そのうち、彼が請け負う現場に、必ず夢の男の子が姿を現すようになった。

まさかそんなはずはない、夢とは関係のない子だろうと思いたかったが、そうはいかなかった。

どうやら彼以外の人間にはその子供の姿が見えないらしいのだ。

……生きている人間ではない。そこに至ってようやく彼はあの夜の出来事と声を思い出し、確信した。何故あのままやり過ごしてしまったのか……。自分のしたことを後悔したが、もう手遅れだった。

それからは現場で怪我人が続出し、中には死人が出るほどの事故も起こった。

そんな時、いつも男の子はそのすぐ側で見ているのだという。

彼は宗教に救いを求め、お寺にも相談したが、結局何をやっても効果はなかった。

そのうち、彼に仕事を依頼した豪邸は、何らかの理由で家族が離散し、空き家になってしまったという。彼自身も体調不良で入院し、ガンが発見され、会社を廃業した。


以上がその時、彼が息子に話して聞かせた内容である。

友人は父の告白に驚きつつも、何とか励ましたくてこう言った。

「その豪邸は空き家になっているけど、今もあるんだろう？　だったら、その子はまだ地下の扉の中にいるはずだよ。俺が行ってその子を解放してやったらどうかな？」

無論、生きているとは思えない。だが、そのままよりはいいだろう。

しかし、父親は虚しそうに首を横に振った。

「あの男の子はもう、あそこにはいないよ」

「え……？」

「とっくにいないよ。だって、ずっと俺の側で俺が死んでいくのを見てるんだから……」


今だって、ほら。


そう言ってすぐ隣を指差され，ぞくっとした。

結局、その日の夜に父親は亡くなってしまったという。

建て替えの時に判った怪異

これは俺の叔母が体験した話である。

叔母の家では、長男がなかなか嫁をもらえずにいたのだが、不惑手前でようやく結婚までこぎつけた。

結納が終わり、具体的な話になった際、新居の問題が出た。やはり叔母としては、長男である息子に同居して欲しかったらしい。

しかし、嫁の立場からすれば、同居は避けたいのが本音。

お互いの気持ちを尊重し、最終的に叔母が出した案は、完全分離型の二世帯住宅というものだった。要は、付かず、離れず。玄関やトイレ、キッチンから風呂に至るまで、共同で使用する場所は一つもないが、会いたい時にはいつでも会えるという絶妙な距離感だ。

これには嫁も二つ返事でOKしたようであり、大掛かりなリフォームを行うことになった。

当初は完全な建て替えをするつもりだったのだが、叔母の家は築百年を越える古民家で、現在では絶対に手に入らないような立派な柱が何本もあった。

それを惜しんだ建築業者から、この柱を活かさないのは勿体ないと進言され、急遽リフォームという形になったのだそうだ。

とはいえ、柱を残す以外は完全な新築なので、どうやら余計に手間とお金が掛かってしまったらしい。工期中、当然その家には住んでいられず、近くのアパートに仮住まいした。

工事が始まって間もなく——。重機が入れるように家の周りのブロック塀を壊した時のことだ。

家を囲むブロック塀の四隅から、石で作られた仏像が四体、掘り出された。

驚いた叔母は、慌ててそれを寺に持ち込み、見てもらった。

菩提寺の住職は石仏を見ると、僅かに眉を顰めた。

「これは……家の敷地に結界を作るために置かれていたのだと思います」

「結界、ですか？」

住職は厳しい顔で頷くと、言った。

「もし、何かから身を護るために結界を張っていたのだとしたら、そのままにしておくのは危険でしょう。速やかに新たな結界を作らなければ、良からぬことが起きる可能性もあります」

「はぁ……」

俄かには信じがたい話である。

それでも気になってしまった叔母は、一時的に工事を中断して、建築業者に手伝ってもらい、家中を調べ直した。

すると、二階の天井と屋根の間に、大きな釘で打ちつけられた隠し部屋のようなものが見つかった。

そこは分厚い木材で完全に密封されており、中は何とも言えぬ異臭で充満していた。室内の壁にはいくつもの引っ掻き傷があり、無数の御札が貼り巡らされている。四隅には、あのブロック塀の下から出てきたのと同じ石像が置かれている。

おまけに、小動物の骨らしきものが散乱しており、巨大なヘビの抜け殻まで見つかってしまった。

ここまでくると、さすがに得体の知れない恐怖を感じずにはいられない。これまで何ごともなく住んできた家であるが、憂い顔の住職が言っていた言葉も気になる……。

叔母は柱を残すのを取りやめ、完全に更地にしてから新たに家を建てることにした。

ところが、それからというもの叔母は、毎晩気持ちの悪い夢を見るようになってしまった。

白い大蛇の夢である。

とぐろを巻いたそれが、夜な夜な夢に出てきては、恨めしそうな眼で叔母の顔を睨む。

〈ようやく自由になれた……これで末代まで祟ることができる……〉

大蛇はそう言って、消えていくのだという。

同じ夢が三度続いたところで、恐怖にかられた叔母は菩提寺に駆け込んだ。

話を聞いた住職は顔色を変え、今度はきっぱりと言い渡した。

「すぐにこの土地を離れなさい。たぶん貴女の先祖は何らかの理由でこの土地の蛇神様を家の中に封印していたのだろう。そんなことをすれば確かに家は繁栄するが、蛇神様から受ける恨みは生易しいものではない」

「ど、どうしたら……」

戸惑う叔母に、住職は気の毒そうに首を振った。

「今ある財産を、全て捨てるしかありません。土地の権利も放棄しなければ、蛇神様はどこまでも追いかけてくる。市や県にその土地を寄贈して、公園にでも使ってもらうのが一番でしょう」

いつもなら、そんな言葉に耳を貸すような叔母ではないのだが、余程恐ろしかったのだろう。お寺の進言通りに、広い敷地を全て市に寄贈し、そのまま隣の市で建売住宅を見つけて、静かに移り住んだ。

以来、怖い夢を見ることはなくなったという。

寄贈した敷地は今では市営の公園になっている。毎日元気に子供たちが遊びまわっているそうだが、怪異らしきものは一切起こっていない。

傷口

これは、知人から聞いた話である。

彼は今でこそ金沢市に住んでいるが、もともとの生まれは信州になるらしい。

現在、かなりお堅い仕事に就いている彼だが、子供の頃はワンパクで、毎日のように悪戯をしては家族から叱られていた。

そんな彼が小学生だった時、友達と遊んでいて怪我をしたことがあった。

神社の境内でかくれんぼをしていたところ、突然左膝の皮膚がパックリと割れてしまったのだという。

不思議なことに血はさほど出ず、滲む程度。傷口を見た大人たちは、〈かまいたち〉にやられたのだろうと言った。

念のため、母が化膿止めの薬を塗り、包帯を巻いてくれた。

おかげでいかにも怪我人然とした見た目になったが、実際は痛みもなく、怪我をしていることすら忘れるほどだった。

ところが、一日に一回包帯を取り、薬をつける段になって驚いた。

変化しているのだ、傷口が。

それも、日を追うごとに。

気のせいかと思ったが、そうではない。傷口周りの皮膚がどんどんと硬くなっている。何より肌の色が変わった。日増しに緑がかっていく。

最初は気にしていなかった家族も、一週間を過ぎる頃には狼狽《うろた》えだした。

症状が広がって、左足の膝から下が完全な緑色となってしまったからだ。おまけに、うろこ状の模様まで浮いてきた。

蛇……。

見た者はすぐにそれを連想した。

さすがに心配になった両親は、再び彼を病院へ連れて行った。

医者は難しい顔をして唸ったが、結局「そのうち治るでしょう」と言って、最初と同じ塗り薬を処方するのみであった。

しかし、どれだけ薬を塗っても、良くなることはなかった。むしろ、悪化している。左足はますます緑色に染まり、ウロコ模様の範囲は広がっていくばかりであった。

そんな時、田舎からひょっこり祖母が出てきた。

祖母は変わり果てた孫の足を見るやいなや、こう言った。

「これは蛇の呪いに違いない。早く手を施さないと、このままヘビにされてしまうよ!」

慌てた両親は、藁をもすがる思いで人づてに紹介されたお坊さんのもとを訪ねた。

僧侶は顔色を変えやはり祖母と同じことを言う。

「これはいかん。急がねば！」

僧侶はその日のうちに彼が怪我をした神社に出向き、何かを供えてきた。

それから三日間ほど、彼は家に帰ることができなかった。

そのお坊さんのお寺で過ごし、ずっと本堂に篭もらされたまま、お坊さんが読むお経に合わせて一心不乱に手を合わせ続けたのだという。

三日後、彼の左足はすっかり元通りになった。その後も現在に至るまで、特に変化も起きていない。

いったい、あれは何だったのか。

どうも彼が怪我をした神社は、蛇神様を祀った神社であったらしい。

お坊さんが言うには、彼がそこで遊んでいる時に、何か蛇神を怒らせるようなことをしてしまい、一種の呪いをかけられたのだろうということであった。なにぶん子供のことだ。遊びに夢中で、自分の行いの何がまずかったのか、彼もよく分からないという。

ちなみに、日本各地にある蛇神様を祀る神社のほとんどは、蛇を崇めている訳ではなく、蛇の呪いを封じる役目を担っている場合が多いのだと聞かされた。

それほどまでに、蛇は祟る生き物ということか。

以来……かどうか定かではないが、彼が最も嫌いな生き物は、今現在も「蛇」である。

コップに水を入れて寝る習慣

これは俺の友人から聞いた話である。

友人の実家は白山市にある。ただし、白山市といっても今ではかなり広範囲になってしまっており、彼の実家があるのは、福井県との県境に近いらしい。

そして、彼は二度と実家へは帰れないのだという。

帰りたいのだが、帰れない。

帰ってしまうと、自分だけでなく家族の命まで危険に晒してしまうからなのだという。

勿論、それには理由がある。

これは、彼と酒を飲んでいる時に聞いた話である……。


彼の実家がある地域では、夜寝る前に必ずコップ一杯の水を用意し、それを枕元に置いて寝る。

そのコップはちょうど頭の真上にくるような場所に置き、夜寝てから朝が来るまでの間、けして頭上のコップのほうを見てはいけないのだという。

それは古からずっと続けられてきた習わしであり、自分の身を護るというだけでなく、ご先祖を助ける意味合いもあるのだという。

そこまで聞いて、俺は少し不思議に思ったことを彼に聞いてみた。

「なぁ、ご先祖様って死んでるんだよな？　それをどうやって助けるの？」

すると、彼はこう返してきた。

「ご先祖様じゃない。ご先祖、だよ！」

様なんて付けなくていいんだよ、あんなのに……と、そう悪態をつく。

俺はますます興味を惹かれ、続けて彼の話を聞いた。

「助けるっていうのはな……」


実は、彼の実家の地域では、以前は死んだ人間を燃やさずに、そのまま土に埋めていた。

そう、土葬である。

ただ、医学も発達していなかった時代のことだから、どうやら意識を失っている人間を死んだと勘違いして、そのまま土の中に埋めたという事例もあったらしい。

その中には、埋められてから蘇生してしまい、そのまま無念の恨みを抱えて死んでいった者もいるのだとか……。

そうした亡者たちが、雨が降らない時期に、水を求めて土の中から這い出てくるらしい。

そのために、事前に枕元に水を用意しておき、自分はあなたを埋めた犯人ではありません、という意思表示をして、身の安全を図るのだそうだ。

だから、彼も物心ついた時から、親にしっかりと、その習慣を教え込まれてきた。

実際に、朝起きると、コップの中の水が空になっているということも頻繁にあったのだという。

そして、コップが空になっていた次の夜には、更にコップをひとつ増やさなければいけないというルールもあったらしい。


しかし、彼も大学に通うようになり、他の地域で生まれ育った友人たちに囲まれて生活するようになると、さすがに、そのような超常現象的な習わしに嫌気が差してしまった。

そこである夏休み、彼は実家に帰省した際、いつものようにコップの水を用意するように見せかけて、実は空のコップを枕元に置いた。

その頃の彼の頭の中は、

(くだらない、そんなの単なる迷信だろ?)

(水がなくなっていたのだって、きっと親が子供を怖がらせるためにやってたんだ)

そんなうがった考えで凝り固まっていた。

そして、実家に泊まって二日目の夜、彼は、ゴソゴソという物音で目が覚めた。

どうやら、誰かが枕元の辺りで、何かを探しているようだった。

「誰？」

彼は気配に向かって声を掛けた。

しかし、返事はない。

そこで彼はばっと体を起こし、枕元へと顔を向けた。

「うわぁああ！」

見た瞬間、思わず大声を上げてしまう。

そこには、腐り果てた体を引き摺るようにしてコップの水を探している、人間らしき姿があった。

体中からポタポタと何かを垂らし、眼窩から飛び出した眼球が顎のあたりで揺れている。

そして、それが動くたびに、ボタッボタッと蛆虫のような物が畳の上に落ちた。

ソレは、彼が大声を出したことに怒ったのか、突如彼のほうへと覆い被さってきた。そして、

「ミ……ズ……ミズ……オマエカ……オマエカ……？」

と、低い声で唸りながら、彼の首を絞めてきた。

その姿は、とても〈ご先祖様〉と思えるようなものではなかった。

彼はその異形に恐怖しながら、必死に「ごめんなさい……ごめんなさい……」と言い続

けた。

　そのうち彼の意識はゆっくりと遠のいてゆき、ふつりと途切れてしまった。


　次に彼が目を覚ましたのは、すっかり日が昇った朝だった。

　傍らには、彼を揺り起こす父親と、それを遠巻きに見ている家族の姿があった。

（助かった……）

　深い安堵に、一気に涙が溢れだす。それを恥ずかしいと思う余裕はまだなかった。

　ようやく少し落ち着くと、昨晩あった出来事をぽつぽつと家族に話して聞かせた。

　父親は彼の話に少しも驚いた様子を見せず、ただ深いため息をついた。

「昨夜のおまえの叫び声でな、だいたいのことは分かっていたんだ。それでも、おまえを助けには来れなかった。どうしてか、分かるか？　……家族全員が呪われてしまうからだ」

　そう言われて、彼はびくりと肩を震わせた。

「じゃ、じゃあ……俺はもう呪われてしまったっていうの？」

　父親は無言のまま頷き、無情な答えを返す。

「だが、この呪いは、この地域の中だけの呪いだから安心しなさい。だけど、おまえは、今日、できるだけ早くこの地から出て行かなければいけない。そうしないと、間違いなく今夜も、ご先祖様がおまえのところにやってくるだろう。

厳しいことを言うようだが、おまえはもう二度とこの地は踏むことはできん。たとえわしや母さんの葬式があったとしても、絶対に戻ってきてはならんのだ。そうしないと、おまえだけではなく、この地で生きる家族や親戚一同が呪いにかけられてしまう。だから……いいな？」


そう言われ、彼は逃げるように実家を出て、それ以来、その地には戻っていないという。

「家族や親類にまで呪いが降りかかるって言われちまったら、もう戻れるわけないだろ？」

彼は吐き捨てるようにそう言った。

彼はそれからも、

「あんなの絶対にご先祖なんかじゃないよ！」

「今の時代に呪いなんてあるわけない！」

と、強気に語っていたのだが、最後にぽろっとこう言っていた。

「でもさ、実は今でも、寝る時は枕元にコップの水を置いて寝てるんだ。で、年に何回かは、コップの水が半分くらいに減ってる。ははは……ありえないことなんだけどね」

ありえない――。

彼はその言葉を強調したが、逆にそれが全てを物語っているように俺には思えた。

寝言に応えてはいけない！

これは俺の知人が体験した話である。

よく、〈寝言に返事をしてはいけない〉と言われる。

諸説あるが、返事をすると、寝ている人がそのまま死んでしまうとか、魂が現世に戻って来られなくなるという言い伝えだ。

しかし、これから話すのは、それらとは少し理由が違うようである。

その日彼は、翌日が休みということもあって、趣味のＤＶＤ鑑賞を楽しんでから、午前一時半頃に、寝室に向かった。

リビングの電気を消し、静かに階段をあがって二階の寝室へ。

ドアを開けると、妻はもう寝入っているようで、部屋の中は真っ暗だった。

彼も隣のベッドに潜り込み眠ろうとしたのだが、どうもうまく寝付けない。仕方なく、枕元のスタンドを点け、ぱらぱらと雑誌に目を通す。

妻は完全に深い眠りに就いている様で、スースーと心地良さそうな寝息を立てている。

静かだった。コツ、コツ……と、時計の針の音だけが暗い部屋に響いている。

妻の寝息と、時計の音と……。規則的なリズムだけが夜を刻んでゆく。
（たまにはこんなのも、落ち着けて良いもんだな……）
彼はそんなことを思いながら、何となく雑誌をめくっていた。

その時、隣のベッドに寝ている妻のほうから声が聞こえた。

「今から行くから……」

彼は、ドキッとして妻のほうを見やる。
だが、相変わらず妻はスースーと寝息を立てている。
（なんだ、寝言か……）
そう思い、再び雑誌に目を落とした。
すると、少しも経たないうちに、また声がした。

「もう少しで着くから……」

（おいおい何の夢を見てるんだ？）

寝入っているくせに、あまりにはっきりと喋るから苦笑してしまう。妻も疲れているのかもしれない。そう思ってスルーしようとした瞬間、ふいに聞き捨てならないセリフが飛び込んできた。

「ねぇ、死にたいと思ったことない？」

これにはびっくりしてしまい、つい反射で答えていた。

「え？　何言ってるんだよ、あるわけないだろ？」

言ってから、「ああ、これも寝言か」と思い直す。そうして何気なく妻のほうを見た瞬間、ギクリとした。

目が……開いている。

妻は横たわったまま、じっと彼のほうを見つめていた。

何だか怖くて、咄嗟に目を逸らしてしまった。が、すぐに、起きていてそんなことを聞いてくるほうが心配じゃないかと思い直す。

だから、再び妻のほうへ顔を向け、しっかり話をしようと心を決める。

ところが――。

そこに横たわっていたのは、妻ではなかった。明らかに、別の女だった。

「うわあぁ！」

彼は悲鳴をあげて飛び起きた。

ベッドから三メートルくらい離れて、もう一度確認する。

すると、女の顔はどんどん崩れていき、見る見るうちに老婆のような顔相になった。

そして、ニターっと笑いながら、横たわったままの姿勢で彼の顔を見つめてくる。

「あ、あんた……いったい誰なんだ？　妻をどこへやった！」

恐怖と混乱で、気付けば彼は怒鳴っていた。

老婆はそんな彼の反応を楽しむように、相変わらずにやにやと彼を見つめていたが、突然、バターンという音とともに起き上がった。

その起き上がり方といったら、まるでバネ仕掛けか何かのようで、あまりの異様さに、彼は一瞬にして言葉を失った。

老婆は呆然と見つめる彼の横を通り過ぎ、そのまま悠然と階下へと降りていった。

どれくらいそうしていたか。

しばらく凍りついていた彼は、ハッと我に返って階下へと走り降りる。そして、家中の電気を点けて妻を探したのだが、妻はどこにもいなかった。

まさに……忽然と消えてしまったのだ。

おまけに、あの老婆の姿も見当たらないのだが、玄関の鍵はしっかりと内側から掛かっており、一体全体何が起こったのか、彼の頭は混乱するばかりだった。

その後、家の外も調べたのだがやはり妻は見つからず、そのまままんじりともせずに彼は朝を迎えた。


ぼんやりとリビングのソファに座ってると、突然玄関のチャイムが鳴った。

彼は急いで玄関に走り、ドアを開ける。そこには妻が立っていた。

パジャマを着たままの姿であり、彼を見ても表情一つ変えようとしない。

「お、おい……」

まるで催眠術にでもかけられているかのように、妻は一切の無反応であった。

そのまま妻を病院まで連れて行くと、精密検査が行われ、結果として一種の記憶喪失状態だと診断された。

それから催眠療法などによって生活に支障が出ない程度には回復したのだが、結局、あの老婆が誰だったのか、今も分からないままである。

以来、彼は万が一誰かの寝言を聞いたとしても、絶対に無視するようにしているという。

タヌキの復讐というもの

これは、大学時代の友人から聞いた話である。

現在は和歌山県に住んでいるのだが、彼の祖父というのが昔、猟師をして生計を立てていたらしい。

昔と言っても、もう誰もが自家用車を持っていた頃の話であるから、さほど、遠い昔の話ではない。

その日、祖父は家の蔵でタヌキを発見した。隙間から忍び込んだらしく、貯蓄していた穀物を食い荒らしていたのだ。

アッと思ったが、さすがに蔵の中では鉄砲を使うわけにもいかない。その日はそのまま逃げられてしまった。

そこで祖父は蔵の中にワナを仕掛け、再びそのタヌキが穀物を食べにやって来るのを待った。

数日後、猟から帰ってくると、何やら蔵のほうが騒がしい。中で何かが暴れるような音が聞こえてきた。

（おっ、やっとワナに掛かったか！）

いさんで蔵の中へ入ってみると、はたして一匹のタヌキがワナに掛かり、暴れていた。

「ふむ……」

いつもなら、即座に殺して血抜きまでしてしまうのだが、どうしたわけかその時は、タヌキを殺してはいけない気がした。

だが、このまま解き放てば、またこの蔵を漁りに来るだろう。それは困る。

そこで、人間の住処へ近づいたら痛い目に遭うんだぞ、ということをタヌキに教えこむことにした。

何をしたのかというと、熱く熱した鉄の棒をタヌキの体に当てたらしい。

熱さと激痛にもがき苦しむタヌキ。

祖父は、そうやってしばらくの間タヌキをこらしめると、「二度と戻ってくるなよ！」と言って、そのタヌキを解放した。


そして、それから数ヶ月後――。

彼の祖父が、猟に出掛けた時に、それは起こった。

バイクで狩場まで出掛けるのだが、ある日、獲物を追ってついつい山の奥深くまで入ってしまった。

「こりゃいかん、暗くなる」

急いで山を下りだしたが、バイクの所に辿り着いた時にはもう、すっかり夜になってしまっていた。

慌ててバイクのエンジンをかけ、家路を急ぐ祖父。

だが、しばらく走るとおかしなことに気が付いた。

(遅い……)

いつもより重いのか、バイクのスピードが出ない。

それに、まるで後ろに誰かを乗せているかのように、ハンドルが不安定でぎこちなかった。

(変だ……)

祖父が振り向いて、後部を確認しようとしたその時。

突然、後部座席から女のか細い声が聞こえてきた。

〈うらめしや、うらめしや……〉

〈後ろを見たら取り憑いて、殺してしまうぞ……〉

……そんな声が聞こえた。

「ひ……ッ」

長年、山で生きてきて、熊でも怖いと思ったことのなかった祖父であったが、やはり幽霊だけは苦手なようだった。

だから、必死になってこう言った。

「お願いします。こ、殺さないでください……っ」

すると、後部座席から声が返ってきた。

〈駄目だ。おまえはもう助からない。だから、後ろは見るなよ……〉

そのうち、後ろから手が伸びてきて、祖父の体にしっかりと巻きついてきた。

祖父はもうパニックになったらしいが、どれだけもがいても、後ろから抱きついてくる手を振りほどくことはできなかった。

そのうち、またしても背後から囁き声が聞こえてくる。

〈もうすぐだ。もうすぐおまえは死ぬんだよ……〉

(死!)

その時、祖父の中で「幽霊に対する恐怖心」と「死ぬという恐怖心」がすこんと逆転してしまった。

ええい、どうせ死ぬのならば……。

そう思った祖父はバイクを急停止させ、がばりと背後を振り返った。

幽霊と刺し違えるくらいの気持ちだったのだという。

だが、そこに幽霊はいなかった。

後部座席にちょこんと座ったタヌキが一匹。

祖父とタヌキは、しばらく呆然とお互いの顔を見ていたのだが、祖父はすぐにそのタヌキが、蔵の穀物を食べに来ていたタヌキだと気が付いた。

「こ、こらぁっ！」

我に返り、大声で怒鳴りつける。

すると、タヌキはどことなく気恥ずかしそうな顔をしてバイクの後部座席から飛び降り、そそくさと森の中へ消えていった。

祖父にしてみれば、悪さをしたタヌキを助けてやったつもりだったのだが、タヌキからすれば、火傷させられたことがよほど恨めしかったのだろう。

タヌキや狐は人を化かすというが、この話は、本当にあった話らしい。

ソロキャンプが趣味の友人

友人に、ソロキャンプが趣味の男がいる。

常日頃は賑やかな性格であり、ムードメーカー的な存在の彼だが、月に一度は、仕事も家庭も忘れ、完全に一人きりになるために、山へ入る。携帯も持たず、単身で誰も来ないような山奥に行っては、ぼんやりと夜を過ごすのだそうだ。

夜の山でたった一人なんて、怖すぎるという印象があるが、虫の音、野生動物の声や足音、そして風の音や川の流れる音が聞こえてくるので全然怖くないのだという。

それどころか、そんな場所に身を置いて一晩過ごすだけで、今まで気付かなかったことに気付けるし、自然と一体になることで生を実感できる。何よりも、社会生活で蓄積されたストレスがスーッと消えていくのが分かるのだという。


そんな彼なのだが、決してキャンプ場と言われる場所には出向かない。

その時ばかりは、人との接触を完全に遮断するために、普通の人が絶対に行かないような場所に、わざわざ出向く。

車で行ける所まで行き、そこからは目的の場所も決めずに、ぶらぶらと徒歩で山の奥深くに分け入り、お気に入りの場所を見つける。

あとはそこにテントを張り、焚き火をして過ごすのだ。食事は缶詰やレトルト食品を温めて食べ、夜はウイスキーをチビチビ飲みながら好きな音楽をかけ、読書する。それが至福の時間なのだという。

だからそれまで彼は一度も危険や恐怖を感じたことはないと豪語していた。

そう、あの日までは……。


その日、彼は午前中からソロキャンプの場所を探して、自宅から一時間ほど車を走らせ、いつものごとく山中を彷徨《さまよ》い歩いていた。

実は、その日は午後から天気が崩れ、夜には激しい雷雨となる予報だったのだが、仕事のストレスも溜まっていたこともあり、かなり迷った末、やはりキャンプに出掛けたのだという。

実際、出かける際に車のキーが見つからないというアクシデントがあったのだが、そんなことなど気にしない彼は、何とかキーを見つけると、そそくさと出発した。

今から考えれば、車のキーが見つからなかった時点で、行くのを止めておけば良かったのだが――。

山の中を奥へ奥へと歩いていくと、一時間位で、ちょうど良い場所が見つかった。林の向こうに綺麗な小川が流れており、テントを張るのに御あつらえ向きの少し拓けた場所もあった。

水の心配も要らないし、すぐに彼はその場所を、その日の宿泊場所に決定した。

午後からは雨の予報だったので、急いでテントを張り始める。

テントの周りに溝を掘り、雨がテントの中に入って来ないようにした。

テントを張り終えると、今度は焚き火の雨除けシェードを作る材料を集めに、辺りを散策して回った。

すると、ころあいのよい木の枝と大きな木の葉がすぐに見つかった。

おまけに周辺には山菜やきのこも豊富にあり、焚き火用の枯れ木や折れた枝なども沢山拾うことができた。

全てが順調……いや、順調すぎるくらいだった。いっそ怖いほどに。

テントに戻ると、いよいよ雨がポツポツと降り出した。

彼は急いで、川の綺麗な水を容器にタップリと汲むと、集めてきた枯れ木などを利用して焚き火を熾した。

雨除け用のシェードをテントのすぐ前に作り、焚き火が雨で消えないようにする。

そして、その作業が終わるのを待っていたかのように、雨は大降りになった。

天が割れるような凄まじい雷鳴が山に轟く。

しかし、いつもソロキャンプに出かけている彼には、土砂降りも雷も経験済みのことであり、特に気にも留めなかった。

激しい雷雨に辺りが一気に暗くなる。

時計を見ると、まだ午後五時になったばかりであったが、そこから本当の闇に覆われるまで、さほど時間は掛からなかった。

それでも彼は、今日は、やけに暗くなるのが早いな〜と思うだけで、呑気に構えていた。

というのも、彼はテントの中で雨や雷の音を聞きながら、ランプの灯りだけを頼りに読書するのが好きなので、この日もその至福の時を満喫していたのだ。

ハッと気がつけば、時刻は既に午後八時すぎ。

彼は慌てて飛び起き、夕食の準備に取り掛かった。

焚き火でお湯を沸かし、レトルト食品を温め、採ってきた山菜やきのこも、先程汲んだ小川の水で洗い、調味料を入れて、ホイル蒸しにした。

完成した料理は、どれも美味かった。雨音の中で食べると、更に格別なものに感じる。

食事を終え、また読書でもしようとテントの中で横になったが、雷の音が凄い。どうやら近くまで来ているらしく、その音は、さすがの彼にも耐えられないほどであった。テント越しにも眩い稲光と相まって、命の危険すら感じる。

（おいおい、大丈夫かよ……）

不安を紛らわすため、彼はヘッドフォンステレオを大音量で聞きながら読書することにした。

しかし、音楽を聴きながらの読書はなかなかページが進まず、お腹が膨れたこともあって、いつしか彼は眠ってしまっていた。


次に目を覚ましたのは、それからかなりの時間が経過した頃だった。

聞いていたヘッドフォンステレオの曲も既に終わっており、テントの外は完全な闇に包まれていた。

焚き火も消えかけている。

幸い、雷は通り過ぎてくれたようで、辺りは静寂に包まれていた。

だが、その静かすぎる沈黙が、彼の不安を掻き立ててしまう。

彼は慌ててテント前の焚き火に、先程拾ってきた枯れ木や枝を足して、火が消えないようにしたのだが、どうも火の着きが悪い。

何度やっても焚き火の火は、一向に燃え上がらない。そして、その時、彼は不思議なことに気付いた。

彼がテントを張っている辺りからは、虫の音も、野生動物の声も、流れる小川の音も聞こえず完全な無音状態なのである。

彼はそれまで数えきれない位のソロキャンプを体験してきたが、虫の音すら聞こえないというのは初めてだった。


こんなことって、あるのか？


経験のない事態に、更に不安が増す。

その時だった。


彼のテントの横にある林から、パキッ、パキッと枯れ枝を踏みしめるような音が聞こえてきた。

彼は一瞬、身構えた。

（野生動物か？　鹿やウサギなら良いが、もしも熊だったら……）

急に命の危険を感じた彼は、ザックから大きめのサバイバルナイフを取り出した。そして、息を殺して、周囲の音に耳をそばだてる。

不思議なもので、サバイバルナイフを持っているというだけで、心細さがかなり和らいだ。

ただ一つ気掛かりだったのは、テント前の焚き火が今にも消えそうだったこと。

こんな山の中で、一人ぼっち、そして、テントの外からは、何ものかが少しずつこちらに近づいて来ている。

そんな状態では、焚き火の灯りと暖かさだけが心の支えになっていた。

もしも焚き火が消えてしまったら、とんでもないことが起こるのでは……。

何故かそんなことを感じ、またしても強い不安と恐怖に襲われる。

彼は必死で焚き火の火が強くなるように、身を乗り出して焚き火に枯れ枝を差し込み、息を吹きかけた。

しかし、火の勢いは変わらない。枯れ枝に燃え移ろうとすらしなかった。

「くそっ、何故だ？　訳わかんねえよ！」

焚き火の火は見る見るうちに小さくなり、今にも消えそうになった。

その時、突然、目の前にある小川からバシャッという大きな音が聞こえた。

ハッとして前方を見ると、女の子が一人、小川の中にポツンと立ってまっすぐにこちらを見つめていた。

（なんだ……あれは？）

少女は小川の中に膝まで浸かり、ニターっとこちらを見て笑っている。

あれは人間ではない――そう思った瞬間、ぶわりと全身の毛が逆立った。

もう火を熾すどころではない。彼はテントの中へ逃げ込むと、入り口のチャックを閉めようと身を乗り出した。

その時、気付いてしまった。

テントの入口の横——そこに何かがいる。

先程、枯れ木をパキッと踏みしめたであろう相手がそこにたたずみ、ジーッと彼を覗き込んでいた。

一瞬、息が止まりそうになったが、それでも、悟られないようにゆっくりとした動作で、テントの入り口のチャックを閉める。

（見るな、見るな、見ちゃいけない……）

それでも彼は無意識に見てしまった。

白いワンピース。細く長い手。

裸足の足は細いというよりも骨と皮しか残されておらず、この雨だというのに、何故か全く汚れていない。

顔は見えなかった。

いや、見なかった。

見てはいけない、と本能が強く制止していたから。

ただ、とても大きな身長だというのは分かった。

ありえないことだが、軽く二メートルは越えていると感じた。

彼は、入り口のチャックを閉め終えると、テントの中央に座り、息を殺して耳に全神経を集中させた。

手にはしっかりサバイバルナイフを握り締めている。

おそらく今見てしまった者たちには、通用しないだろう。

それでも彼は、そうするしかなかった。

そうでもなければ、今にも気が狂ってしまいそうだった。

「パキッ……ピシッ……」

枯れ木を踏みしめる音。

「バシャ、バシャ、バシャ……」

水の中を歩くような音。

「ウッ……フゥ……ウッ……」

そして、テントの横からは、苦しそうに呼吸する音……。

彼は、思った。

もしかすると俺は、人間が足を踏み入れてはいけない場所でキャンプをしてしまったのかもしれない——と。

どうすれば良い？

どうすれば助かる？

パニックになった頭で必死に考えるも、答えなど見つかるはずもない。

テントから一気に飛び出し、車まで走って行ったらどうだ？

いや……だめだ。

そんなことをすれば、この暗闇だ。崖から落ちるのが関の山、もしくはあいつらに追いつかれて……。

それ以上、想像したくもなかった。

ただ、じっとこのテントの中で息を殺して待っていても結果は同じだということは、彼にも分かっていた。

そこで、彼は、なんとなく知っている程度のデタラメなお経をひたすら小さな声でつぶやくことにした。

大きな声ではかえって相手を刺激してしまうかもしれない。

だから、あえて小さな声で唱えた。

目をつぶり一心不乱に、デタラメなお経を唱える。

そんなことしか、できなかった。

それから、どれくらいの時間、お経を唱えただろうか。

彼は、外の気配を探るため、一旦お経を止めると、息を殺して耳を澄ませた。

——無音。

もう水の中を動く音も、枯れ木を踏みしめる音も、そして、苦しそうな呼吸音も、聞こえなくなっていた。

(もしかして、お経が効いたのか……?)

彼はほっとして詰めていた息を吐くと、音を立てないよう静かに、ゆっくりとテントの入り口のチャックを上げてみた。

外には、月の光が差しており、暗闇に慣れた目に視界は良好だった。

(助かった、のか?)

先ほどの恐怖から解放された彼の目から、ボロボロと大粒の涙がこぼれ落ちた。

——が、その安堵感は、次の瞬間、あっさりと消し飛んだ。

焚き火が消えていることに気付き、再び火を熾そうとした彼の耳に、ゲラゲラと気味の悪い笑い声が聞こえた。

「————ッ」

そして、彼は再び恐怖のドン底へと突き落とされた。

恐ろしくて上は見られなかったが、テントの入口の両脇に大人の女性と子供の裸足の足が見えた。

「うわぁっ……！」

ほぼ反射でテントの中へ転がり込む。

腰の抜けた尻で更に後ずさる。

テントの入り口から目が離せない。

ぽっかりと口を開けたそこに、左右からゆっくりと白い足が二つ現れ、正面に並び立った。

限界だった。

その姿を見たのを最後に、彼はそのまま意識を失ってしまった。


それからどれ位時間が経ったか。

気がつくと、彼はテントの中で仰向けで倒れていた。

時計を見ると、午前四時を回っていた。

小川の音、虫の音、風に揺れる木々の葉の音。

そこには、いつものソロキャンプと変わらない静かな時間が流れていた。

(もしかして、俺は夢を見ていたのか？　それも、とびきり怖い夢を……)

彼は、今度こそ、肩の力が抜けていくのを感じた。

そもそもあんなモノが、この世にいる訳がない。

俺はどうかしていた。

そうやって、自分を戒めていた時、ふと、妙な違和感を覚えた。

テントの前の焚き火が燃えているのだ。

パチパチと勢い良く……。

確か、焚き火は消えかけていたはず。ならば、一体、誰が……。

彼は、膝でテントの入り口までいざると、そこから身を乗り出して、勢い良く燃えている焚き火をじっと見つめた。

と、その時――。背後、そうテン丶ト丶の丶中丶か丶ら丶、何かの気配を感じた。

彼は、勢い良く振り返った。

そこには、夢だと思っていた、大人の女性と少女が二人、正座したまま、まっすぐに彼を見ながら、首を前後、そして上下にガクガクと振っていた。

まるで壊れたおもちゃでも見ているかのようだった。

ただ、その勢いは凄まじく、今にも首がもげてしまいそうなほどだ。長い髪が首の振りに合わせ、バサバサと揺れる。

二人は、黒目だけの目で、じっと彼を見つめていた。

その目は、怒っているようにも見えたし、悲しんでいるようにも見えた。

いつからああしていたのだろう。

もしかすると、気を失っている間も、あの女たちはかたわらでずっと首を振っていたのかもしれない……。

そう思うと、恐怖と共に、冷たい汗が流れ出す。

そして、次の瞬間、彼の目の前にいる女たちは、ゆっくりと自分の頭を両手で掴み、それを上へと持ち上げた。

その腕の動きと合わせて、女たちの首が、溶けたチーズでも引っ張るかのようにグーンと伸びる。

彼はただ呆然と、その光景を見つめていた。

女たちがゆっくりと、膝歩きで近づいてくる。

はっと我にかえった彼は、落ちていたサバイバルナイフを急いで拾い、再び、その女たちのほうへと向き直った。

女たちの顔はもう、すぐ目の前に来ていた。

その皮膚は腐り、緑色をしており、何とも言えない嫌な臭いがした。

ただれた唇が動き、何ごとかつぶやく。だが彼には何も聞こえなかった。

彼は、また意識を失った。

次に彼が目覚めたのは、明るい日差しの中だった。

辺りには、光が満ち、まさに晴天という感じだった。

しかし、彼の頭の中にはもう恐怖しか残っていなかった。

テントもそのままに、逃げるようにその場を後にした。


何とか無事に車まで辿り着くと、彼は急いで車のエンジンをかけた。

そして、車をスタートさせようとした時だった。

何気なく見たルームミラー。

後部座席にあの女たちが座っているのが見えた。

「ヒィッ……」

彼は、悲鳴を上げながら、車から転がり出た。

女たちはゆっくりと首を曲げ、窓から彼を見た。そして、ニターっと嫌な笑いを浮かべると、そのままスーッと消えていった。

何とか運転席に戻った彼は、自宅に戻るまで車の窓を全開にして走った。

無事に家に帰り着き、ホッとしていると、オデコの辺りが痛む。

急いで鏡を見ると、彼のオデコには、漢数字で七という文字が鋭い爪のような物で刻まれていた。

その話を聞いてから、ちょうど三年が経った。

あの夜以来、特に霊的なことは一切起こっていないという。

しかし、オデコに刻まれた「七」という数字は何を意味しているのか……。

それは、今もアザのように、残ったままだ。

彼はあれ以来、キャンプには行っていない。

そして最近、ふと思うのだそうだ
「もし……これが寿命を意味しているのだとしたら、俺はあと四年しか生きられないだなって」


この恐怖の場所は、今も白山市の山の中に実在している。

それは息子ではない

これは東京に住む、俺の従兄弟にあたる家族が体験した話である。

彼ら夫婦には息子が一人いるのだが、今はもう独り立ちし、同じ東京ながら一人暮らしをしている。

その息子から、ある晩、電話が掛かってきた。

もう皆寝ているような時間である。いったい何ごとかと思いながら電話に出てみると――。

『今まで、ありがとう』

まるで遺書のような言葉をぽつんと残し、それでもう電話は切られてしまった。

これは只事ではない。夫妻は心配で堪らず、すぐに息子の携帯に折り返した。

しかし、電話は、『お客様の都合により、お繋ぎできません』という事務的なアナウンスを返すのみ……。不安なまま眠れぬ夜を明かした。

翌朝、電車が動くのを待って、夫婦は息子が住んでいるアパートに駆け付けた。

ところが、驚いたことにその場所には、既に別の人間が住んでいた。

息子がどこかの会社に勤めているのなら、勤め先に問い合わせて何か聞けたかもしれない。だが、あいにく彼はフリーターであり、彼の現状を探す道は、そこで閉ざされてしまった。

夫妻は途方に暮れてしまい、その日から常にニュースや新聞の事件に気を配り、掛かってくる電話に神経をすり減らすような生活が始まった。

そして、音信が途切れてから数週間。

もう息子はこの世にいないのではないか……。そんな予感が彼らの心を巣喰いだしていた。

そんなある日のこと――。

夜中にふと目を覚ますと、寝ている彼らの枕元に息子が座っていた。

不思議なことに、その時、夫婦は同時に目を覚まし、二人そろって、枕元に息子が座っているのを目撃したという。

しかし、何故か体を起こしたり、声を掛けたりすることはできなかった。指一本動かせず、息子に触れることもできない。ただ横たわったまま目を動かし、息子の姿を凝視するのみだ。

息子は、虚ろな目でじーっと彼らを見つめ、こう言った。

〈◎◎にいる。早く助けて……〉

声が出ていたか定かではない。直接、脳に響いてきたように感じた。
◎◎というのは、奥多摩にある、とある場所の名前だ。

暫くすると、息子の姿はスーッと薄くなっていき、そのまま煙のように消えた。

それと同時に、二人の体に自由が戻る。

はっとして身を起こし、夫婦は互いの顔を見合わせた。

今のは、いったい……何だったのだろう。

夢ではない。二人同時に見て、聞いたのだ。間違いない。

「◎◎と……言ったよな？」

「ええ……」

何故、息子はそんな所にいるのだろうか？

事故？　いや、もしかすると、何かの事件に巻き込まれたのかもしれない。ならば、二人で奥多摩に行っても、どうにもならないかもしれない。

夫婦は考えた末、翌朝、警察に相談した。

最初の遺書めいた電話から順を追って説明し、昨夜枕元に立った息子の話をする。話が話なだけに、やはりというべきか、警察の態度は懐疑的だった。だが、息子が現在行方不明であることは確かな事実である。最終的には、夫妻の必死の懇願により、それなりの人数で捜索が行われた。

しかし、指定された場所を探しても、結局、息子は見つからなかった。

奥多摩の◎◎と、確かにそう聞いたのに……。

夫婦も現地で捜索に参加したのだが、何の手掛かりも摑むことはできなかった。ただただ、警察への申し訳なさが募る。

疲れ果てて家に帰ってきた彼らは、その夜、今度は二人で同じ夢を見た。

その夢とは、こんな感じであった——。

場所は、今日行った奥多摩の山中。警察はいない。

夫婦二人だけで、声を枯らして息子の名を叫び、一心不乱に山の中を探し回っている。

すると、前方からその声に応えるように息子の声が聞こえてくる。

急いで声のするほうへ走った夫妻は、あっ！と足を止めた。

そこは切り立った崖だった。見下ろすと、息子が崖下の大きな木に体を串刺しにされたような状態で、必死にもがいていた。

あまりのことにオロオロとその様子を見つめるしかない夫婦。そこに、息子の叫び声が響いた。

「なんで二人で助けに来てくれなかったの？　二人じゃなきゃ助けられないのに……っ。こんなに痛いのに！　死にそうなのに！」

そう言って、恨めしそうに彼らを見上げてくる。

——そんな夢だったらしい。

翌朝、二人はすぐに夫婦だけで奥多摩に向かって車を走らせた。

痛みに苦しむ息子の顔を思い出すと、ついついアクセルを踏む足にも力が入る。

そして、いよいよ奥多摩に入り、山道を走る。

夢で見た景色を探しながら夢中で車を走らせていると、ちょうど夢に出てきたような崖が前方に現れた。

彼らは急いで減速しようとしたが、全く車のブレーキが利かない。

（え……）

彼らは、何とか山側に乗り上げるようにして車を減速させたが、その際、車は走行不能なほどのダメージを受けてしまった。

しかし、そんなことに構ってなどいられない。彼らは急いで車を降りると、崖の上から身を乗り出すようにして、下の様子を窺った。

と、その時。

背中にドンッと強い衝撃を感じ、体が宙に浮いた。

空を掻く手。

何者かに押されてバランスを崩した二人は、そのまま真っ逆さまに崖下へと転落していった。

気が付くと、病院のベッドに寝ていたという。

彼らは、夫婦そろってかなりの重傷を負っていた。

警察も来て色々と聞かれたが、誰かに後ろから押されたのだとしか説明のしようがない。

彼らの中ではそんなことよりも、今度も息子を見つけられなかった、助けてやれなかったという無念のほうが強く、ベッドの上でまたひとしきり涙に暮れた。

そんな時、慌てて病室に駆け込んできた者がいた。

それは他でもない、彼らの息子だった。

夫婦は驚きすぎて、しばし声も出ない状態だったが、もうほとんど諦めていた息子が生きていたことに歓喜した。


以上が、俺の従兄弟夫妻が経験したことのあらましである。

後で分かったことなのだが、連絡が取れなくなってしまっていた期間、息子はふと思い立って、友人たちと青木ヶ原の樹海へ向かい、そこで反文明的な生活をしていたのだという。

ただ、その間、息子のほうも何度か両親のいる実家に電話を掛けていた。ところが、何度掛けても何故か留守で、繋がらなかったのだという。

となると、彼らの枕元に出てきたのは誰なのか？

夢の中に出てきたのは誰なのか？
そして、崖の上から彼らを突き落としたのは誰なのか？
息子の声を借り、姿を借り、自分たちを殺そうと導いたのはいったい誰……？
もしかして、樹海の住人たちが――。
そう考えると、背筋が冷たくなった。

こっくりさんに纏わる話

昔、こっくりさんというものが流行った。

地方によっては、キューピーさんとか、色々な呼び名があるようだが、基本的にやることは同じだ。しかも、それはどの世代においても、ひっそりと語り継がれ、ずっと行われてきたように思う。

実際、どの年代の人間でも、実際にやったことがあるかどうかは別として、こっくりさん自体を知らないという人は、ほとんどいないのではないだろうか？

ちなみに俺は、こっくりさんには手を出さなかった。

正直、怖かったのである。

何故なら、こっくりさんは降霊術に他ならないからである。

よく、心理学の権威が、あれは一種の集団催眠だとか集団暗示だと科学的に説明しようとするのを見るが、偉い先生がどう言おうと、アレは完全なる降霊術だと確信している。

実際、自分が中学生の時、こっくりさんをやって何かのトラブルに巻き込まれ、そのまま学校に登校できなくなって転校してしまった生徒が何人かいた記憶がある。

表向きには、親の転勤のためと伝えられていたが、こっくりさんをやった後に学校に来なくなり、そのまま転校というのは、子供ながらに不自然だと感じていた。

今回話すのは、俺の馬鹿な友人の話である。

馬鹿、というのは失礼かもしれないが、俺がどれほど必死に止めても、それを無視して行ったせいでとんでもない結果に繋がったのだから、あえてそう言わせてもらう。

それは、こんな話である。

その友人は大学の同窓生で、ミステリー同好会なるクラブを立ち上げて、会長を務めていた。ある年、クラブは夏の行事として、かの青木ヶ原樹海でのキャンプを企画した。夜は酒を呑みながら麻雀をやり、その他ありとあらゆる自堕落な行為をやって、それをカメラに収めようというのだ。その自堕落な行為の一つに、こっくりさんも含まれていた。

彼のクラブは、男四人に女二人という小所帯。そんな人数だったから、俺のところにまで誘いが来て、その企画の存在を知ることとなったのだ。

最初に聞いた時、俺は本気で唖然とした。

あの場所でそういう行為をすることがどれほど危険か、全く理解できていないと思った。なので俺は真剣に反対し、馬鹿なことはやめるよう説得した。

が、テレビの心霊ブームも手伝ってか、彼はまったく聞く耳を持たなかった。

「本当にどうなっても知らないぞ！」

最後は捨て台詞のようにそう言い放った俺だが、やはり彼のことが心配でしょうがなかった。この馬鹿野郎！　と思っても、友人なのである。

とりあえずではあるが、俺は効力の高い護符をメンバー全員に配り、それだけは常に持っているようにアドバイスした。どうしても行くと言うなら、俺がしてやれるのはそこまでだった……。

結果として、俺の気持ちは最後まで彼らに伝わることはなかった。

あとで聞いた話では、彼らは誰一人としてその護符を現地に持参しなかったという。


かくして、樹海での自堕落キャンプは実行された。

メンバーは、同好会の会員である男四人に女二人、そして撮影係として、映画研究会というサークルから男が一人参加した。

予定では、樹海で二泊。メンバーは現地に着くとまず、キャンプができそうな場所を探した。が、隆起した木の根が入り組む樹海ではなかなか平坦な場所が見つからず、適当な場所を探すうちに、かなり奥深くまで入り込んでしまった。

実はその間、地元でパトロールをしている方に見つかり、こっ酷く叱られたらしい。そこで引き返しておけば、あんなことにはならなかったのに……と、今でも思わずにはいられない。だが、彼は先へ踏み込んだ——。

どれくらい歩いたか、ようやく彼らは平坦で、明るく日が差し込んでくる場所を見つけた。あとで残された映像にも、その場所で楽しそうにキャンプの準備をする彼らの姿が記録されている。

薪集めに、散策、昼の間はピクニック気分だったが、夜になると場の雰囲気は一変した。全ての光を遮断された、真の暗闇。

全員が恐怖と暗闇の圧迫感で逃げ出したい気分になったと思う。

それほど、樹海の夜は深く、完全な闇の世界なのだ。それこそ、知らない誰かが自分の隣にいたとしても気付かないほどの……。

だから恐怖に身を竦め、大人しく朝が来るのを待てばよかったのだ。まあ、それでも無事に戻れる保証はないのだが、それが最善であったことは間違いない。

だが、メンバーに女性がいるということで、格好悪い姿は見せられないとでも思ったのだろうか。彼らは、予定していたプランを実行に移してしまった。

テントは大型のものを二つ張って使っていたというが、麻雀が始まると、全員が一つのテントに集まり、酒を飲みながらの麻雀大会となった。

この時点では、カメラに向かってピースサインをするなど、まだ余裕があった。

が、東場二局に入った頃、一人の女性が異音に気付く。

最初は、カメラの集音マイクでも拾えないほどの小さな声だった。

「……ねえ、何か聞こえない？」

女性の問いかけに一斉に皆が手を止め、ふつりと静かになった。

耳を澄ます。

何かが……聞こえているようだった。

無言で視線をかわす全員の顔が、凍りついている。

ブーンブーンという音。微かな羽音のようなそれは、やがて撮影した映像の音声にもはっきりと入り込む。

ブーンブーンブーンブーン……。

音は波のように大きくなったり小さくなったりを繰り返し、そのうち念仏のような唸り声まで混じり出した。

映像の音が割れるほどにそれが大きくなる。

画面が揺れる。撮影している人間の手ブレがひどくなったせいだ。音はもう、会話もままならないほど大音量だったと思われる。

が、音はそのうち遠ざかるようにして消えていった。

女性二人は完全に耳を塞ぎ身を固くしている。

何度も書くが、そこで止めれば良かったのだ。だが、酒の酔いも手伝い、気が大きくなっていた友人たちは、更なる暴挙に出てしまう。

「よし、次はじゃあ、こっくりさんやろうぜ」

もうやめよう、という女性たちの願いには耳も貸さず、そのままこっくりさんがスタートする。実際に参加したのは三人、その他のメンバーは見学という形だった。

こっくりさんは順調に進んだ。ある一点を除いては。

何度やっても、答えが「い……ま……い……く」になってしまうのだ。

誰かが、ふざけてるんだろうと茶化す者もいたが、とにかく結果は同じで「い……ま……い……く」になる。

一瞬、テントの中が静かになった。

と、次の瞬間、隣のテントからバサーっという音がした。

何者かが、テントを潰したかのような大きな音だった。

さすがに寝床を壊されては堪らないということで、強者の男二人が、隣のテントの様子を見に行くことになった。

撮影フィルムに、男たちが強がって喋っている様子が映っているが、霊なんかより野性動物のほうが怖い、霊に怯えるなんて馬鹿だ！　としきりといきがっていた。

かくしてその二人は、野生動物用に金属バットと懐中電灯を持参して、テントを出る。

残った者たちは息を殺すように耳をそばだて、彼らの音に集中していた。

「おいおい、なんだ、これ？」という声の次に、短く「あっ」という声がして、そのまま彼らの声が途絶える。それきり、どれだけ待っても二人は戻ってこなかった。

息詰まるような沈黙の中、ふいに、誰も指をのせていないコインが動きだした。

〈し……ね〉


もう女性たちは、泣き出してしまい、テントの中は大騒ぎだった。

そこへ、何者かがテントを外側から叩いた。

バンバンという音とともに、布地が内側にたわむ。

「きっと、あいつらだ！　ふざけてんのか？」

「おーい、おまえら、全然怖くないぞ！」

テントの中の者は大声で怒鳴り返すが、その瞬間、全てを裏切るような女の笑い声が、ゲラゲラと聞こえてくる。

無論、テントの中の女性たちではなかった。

声は更に増え、老人のようなしわがれ声、子供の笑い声まで聞こえてくる。

テントを叩くバンバンという音も次第に激しくなり、まるで地震に襲われたかのようにテントがぐらぐらと揺れていた。

この時点で、カメラは撮影者に放り出され、完全に地面に放置された状態で回っていた。

それだけでも現場の恐怖の度合いが伝わってくるが、そのうちに今度は、「キキキ……」

とか「ケケケッ」とかいう、およそ人間とは思えない声も入り込む。

そして、次の瞬間。地面に置かれたカメラが映していたのは、テントの下から差し込まれる何者かの手であった。手は、テントを捲り上げるように動いたかと思うと、ぱっと消えた。いや、見えなくなった。

すると、一旦は消えたブーンブーンという連続音と念仏の声が入り混じる。テントの中は完全にパニックになり、ただ泣き続ける者、耳を塞ぎブツブツとつぶやく者、そして、ごめんなさい、ごめんなさい、とひたすら謝り続ける者などしばらく混沌とした。

ところが、ふいにぴたりと全ての音がやみ、静けさが落ちる。

全員が、呆気に取られたように互いの顔を見合わせていた。

（助かったの、か……？）

全員がそう思ったに違いない。そういう顔をしていた。

だが、樹海の霊たちは、それほど優しくはなかったようだ。

次の瞬間、何者かが、テントの入り口から顔を見せる。

カメラのアングルには、何が入ってきたのかは死角になり映ってはいなかったが、それを見た全員の顔と、その後の彼らの行動が全てを物語っていた。

人間は、本当の恐怖に遭遇すると、こういう顔になるのか……戦慄とともにそんなことを考える。

恐怖。そして、失望。

彼らは、そのまま、テントの入り口とは反対側から逃げ出し、そのまま映像に動きはなかった。

だが一瞬おいて、突然ぐしゃっとテントが潰され、カメラの映像はそこでブラックアウトした。

翌日、彼らは地元のパトロール員に発見されたが、誰一人まともに喋れなかったという。

そして、最初に隣のテントを調べに行った二人の男性はそのまま行方不明になり、結局、発見されなかった。少なくとも、俺が大学を卒業するまでの二年間は、発見されていない。

また、参加した残りのメンバーも、記憶を失うか、精神に重大な障害を負うか、必ずそのどちらかであった。いずれもそのまま休学し、最終的には退学していった。

そして、ミステリー同好会もそのまま廃部へと追いやられた。

この話は、当時、大学の学園祭で一度だけマニア向けに上映された映像を見て、覚えていた内容をそのまま綴ったものであり、一切の脚色はしていない。

樹海であれ、どこであれ……こっくりさんはやらないほうが身のためである。

最強の悪霊というもの

最強と言うか、最悪と言うべきか——とにかく凄い怨霊の話である。

知人に、とても霊感が強く、霊を祓う力もずば抜けているAさんという女性がいる。ブログにも、前作『闇塗怪談』にもしばしばご登場いただいているので、ご存じの方も多いかと思う。今回はそのAさんの姉上が体験した話である。


Aさんの姉上（以後、姉と書かせていただく）も、彼女同様とても霊力の強い人らしい。こと除霊に関しては、姉のほうが遥かに凄いとAさんからも聞かされていた。姉妹のみならず、Aさんの家族は全員霊能力体質だが、姉はその中でも頭ひとつ抜けている。

その姉が、ある男と恋に落ちた。

かなり歳も離れており、家族は猛反対したという。

しかし恋は盲目、もちろん姉は聞く耳を持たなかった。

が、結論から言うと、結婚には至らなかった。その男には結婚暦が二度あり、もし結婚していたとしたら三度目になるところだったのだ。

ただ、それが結婚しなかった理由かというと、そんな単純な話ではない。正確には、その〈中身〉に問題があったのだ。彼の場合、二度の結婚はいずれも離婚ではなく死別であった。しかも、二人とも原因不明の心臓発作で急逝している……。

不審に思った家族はもしやと思い、徳の高い霊能者に男のことを霊視してもらった。すると案の定、彼にはある女の怨念が憑いているという。

これはまずい。下手をすれば、過去の妻たちと同じように姉も殺されてしまうかもしれない……。家族は抵抗する姉を説得し、何とか結婚を思い止まらせた。

まさに危機一髪、すんでのところで助かったと思ったが、事態はそれほど簡単なものではなかった。霊能者によれば、既に霊障は姉にも及び始めていると言うのだ。

姉は最初、それなら私がその悪霊を祓ってみせる、と息巻いていた。除霊ならば、多少腕に覚えがある。だが、相手は、並大抵の悪霊ではなかったらしい。

通常、いつ何時どんな悪霊に対峙したとしても、姉なら安心、とAさんに言わしめる程の彼女が、あっさりとその霊に屈したという。

姉はある日突然、一人の女を視界に捉えるようになった。

ソレはいつどこにいても、必ずある距離から姉を睨みつけてくる。

その形相は遠目にも凄まじく、一目見ただけで凍りつくような恐ろしさだった。

痩せこけた体に黄ばんだ白の装束を纏っているが、その身長が普通じゃない。ゆうに二、三メートルはあるのだ。

そして、目。しわくちゃの顔についた目は白い部分がなく、全てが黒かった。口も異様に大きく裂けていて、不気味さに拍車をかけている。

姉は、一目でその邪悪さを悟り、護符、お守り、神水、清められた粗塩など、思いつくもの全てを準備して、その女の攻撃に備えた。そうすれば少なくとも自分の身に霊障が及ぶことはないと分かっている。

だが、それは姉の思い込みであった。完全だと信じていた防御は、あっさりとその女に破られたのだ。これまで悪霊を退けてきた持ち前の霊力も、全く効かなかったという。

姉は体調を崩し、高熱にうなされながら寝込んだ。

熱は四十度を超え、病院にも行ったが、当然のことながら原因不明とされ、処方して貰った薬も何の効果もなかった。

家族はつてを頼り、知りうる限りの高い能力者や、実績のある寺社に姉を連れて回った。が、どこに行っても、姉の姿を見るなり門前払いだった。中には、なんという怨霊を連れてくるんだ！　と言って激高した者もいた。

どうやら、既にその女の悪霊が姉の背にピッタリと憑いてしまっている状態だったらしい。どんなに徳の高い霊能力者といえども、我が身が可愛いのは当然のこと。目の前にある絶対的な危険に、命を懸けてくれる者などいるはずもなかった。

そんな折、一人の霊能者とその娘が、頼みを聞き入れてくれる。その霊能者は、自分の娘にある〈神〉を降ろすことで除霊を行い、悪霊や呪いに悩まされている者たちを救済していた。親子は、姉を助けるために奔走していたAさんの家族、とくに母親の姿に心打たれ、何とかしてあげたいと協力を申し出てくれたのだ。

無論、その親子も、姉に憑いている霊がとんでもなくタチが悪いことは見抜いていた。「準備に少し時間をください」と言われ、Aさん家族は自宅で連絡を待つことになる。

ところが、どれだけ待っても連絡がなかった。

やはり手を引かれてしまったのだろうか……。母親が電話を掛けてみると、出たのは娘のほうであった。

「……ごめんなさい」

突然謝られ、母親は目を瞑った。やはりこの親子にも手を引かれてしまったのかと、悔しさと絶望感が募る。どこに相談しても断られたほどの手強い相手だ。直前で怖気づかれても致し方ないと思って話を聞いてみると、どうも違うらしい。

母親のほうの霊能者が死んだという。

それも、自分が殺したようだと娘は言った。

詳しい話を聞いてみると、母親は怖気づいて逃げ出すどころか、姉を救うため着々と準備を進めていたという。娘のほうも毎日心身を清め、その日に向け気を高めていた。母親は霊媒となる娘により強い神を降ろし、件の悪霊に対抗しようとしたようである。

ところが、より強力な神を降ろす修練の際、突如その悪霊が娘に降りてきたという。憑かれた！　と思ったのも束の間、すぐに自我は消され、自分の意志とは関係なく手が動き、己の母をその手で縊《くび》り殺してしまった……。

「母の供養が済みましたら、警察に行くつもりです」

娘はそう言って泣き崩れた。

Aさんの母は、戦慄するとともに申し訳ない気持ちでいっぱいになり、泣きながら巻き添えにしてしまったことを娘に詫びた。ごめんなさい、ごめんなさい、と……。

すると、突然電話の向こうから下卑た笑い声が聞こえ、「皆、死ねば良いのじゃ！」と、まるで歌舞伎の節回しのように叫ぶ声がした。

その声は、もう先程の娘の声ではなく、まるで地の底から湧いてくるような重たい声だった。これにはもう家族も怯え、何とか姉を守ろうと、家に籠るようになった。

その間も、何の前触れもなく家が揺れたり、照明がショートして切れたり、笑い声が聞こえてきたりと、様々な怪現象に襲われたが、家族は一丸となって耐えた。

だが、こうして家に籠っていてもあの怨霊に太刀打ちできないことは分かりきっており、実のところ家族はもう、覚悟を決めていた。守るためというよりも、せめて死の瞬間は側にいてあげたい、とそんな気持ちで片時も姉のそばを離れずに籠っていただけであった。

そのうち、妹のAさんにも女の悪霊が見えるようになってきた。おまけに、時折憑依されたようになり、家族を罵り暴れることも起き出した。

家族は、藁をも縋る思いでもう一度、最初に霊視してもらった強い霊能者に頼み込んだ。助けてくれとは言わない。せめて、悪霊の正体だけでももっと詳しく霊視できないものか、と相談した。

だが、返ってきた言葉は絶望的だった。

その悪霊は、平安時代に生きた女であり、不倫関係にあった男によって辱めを受け、牢屋に入れられ、飢餓状態で死んだという。自分の体が痩せ細り、それを鼠が食べに来るのにも抵抗できず、そのまま男を恨み呪いながら死んでいった……。

末代まで祟ってやると言い残し、最後は自ら舌を噛み切って自害したという。

それ以来、怨霊となった女は、その男の家系を代々祟ってきたようである。ただ、いつの時代にも有能な霊能者はいるもので、何度か祓われたことはあったらしい。それでも女の恨みは深く、完全には祓いきれぬまま生き残り、やがて悪霊祓いに対する耐性すら身につけて、更に強大化してしまった。今では念じるだけで簡単に人一人を呪い殺せるほどの力があるのだという。その女の名前を知ってしまっただけでも〈縁〉が生じ、その女の標的にされる可能性すらあるほどだ。

姉が恋した相手は、その悪霊が代々祟ってきた男の末裔であった。憎い相手とはいえ、そこは複雑な女心。元々自分の恋人だった男の末裔に、別の女が近づくのは我慢がならないらしい。男と付き合う女に対しても、激しい恨みと妬みをぶつけてくるというわけだ。ゆえに男の一族は、関わった人間もろとも呪われ、若くして死んでいく。

勿論、姉の好きになった男自身も、もうじき死ぬ運命にあるのは間違いない。

そして、その男に近づいた姉も、もう手遅れと言わざるを得ないほど強い呪いを受けている。だから、理不尽な話ではあるが、諦めるしかないのだと……そう説明された。

しかし、だからと言って姉の命を諦めきれる訳もなく、母親は、それなら私が身代わりになれないものかと泣いて懇願した。

それこそ、三日三晩寝ないで居座り、頼み続けたという。

霊能者はその姿に根負けしたのか、本来なら絶対にしない禁忌の方法が存在していることを教えてくれた。

「ただし、まかり間違えばあなたがた家族だけでなく、親戚縁者全てが根絶やしになる危険を孕んでいます。何よりそれを行ったものは寿命が大きく削られ、更に死んだ後も地獄に落ちるのです。それだけは覚えておいてください」

霊能者は厳しい顔でそう言うと、その禁忌の霊術を唯一行えるという寺を紹介してくれた。

ならば、すぐにでもそのお寺に向かわせていただきます、という家族に、霊能者は首を振った。「禁忌の呪法を成功させるためには、おまえたち家族がここを出てその寺に行くことを、絶対にその女に悟られてはいけない。あの女は、おまえたちがここに来ていることをもう知っているだろう。助ける行為に手を貸したとなれば、私の身も危うい。だから、これからは私が準備し、指示したとおりに動いてもらうから、そのつもりでいなさい」

と、有無を言わせぬ口調で命じられた。

家族は、それから一日半待たされ、三日目の朝、これを着なさい、と全身真っ白な装束を渡された。身支度がすむと、護符を全面に貼られた通路を抜け、裏口に出る。そこには、車が五台用意されていた。色も車種もまったく同じもので、完全に目張りがされていた。

そして、家族を乗せた車を挟み込むように、前後に二台の車を配した隊列で五台は走り出した。けしてスピードを上げることなく、周りの車に同調するかように静かにひた走る。ただ、一言も声を出してはいけないと言われていたため、たまに暴れだし、奇声を上げるAさんの口を押さえ込むのに苦労したらしい。

そして、車は目的の寺に到着した。

そこは誰でも知っているような有名なお寺であり、そのような場所で、そんな秘術が行われるのかと、話を聞いた時たいそう俺は驚いた。

寺に着くと、高僧が、穏やかな笑顔で迎えてくれ、今から行う邪法について家族に説明してくれた。詳しくは書かないが、絶対に祓えない悪霊ならば、可能な限りその目を誤魔化し、家族の姿を紙人形にすり替えることで、悪霊から本体のほうを見えなくし、霊障から逃れるという方法らしい。

ただし、無機物である紙人形が人間とすり替わるためには、家族全員が無機物の紙人形になりきって生活しなければならず、その間、一切の言葉を忘れ、感情も忘れ、食事をとることも忘れなくてはならないと説明された。

これは想像以上の苦行であった。

実際、その行が始まると、飢えに加え、コミュニケーションが取れない苦しさに翻弄され、追い詰められた。時々、幻聴のようにあの女の声が聞こえてきて、戸がバタバタとなる。だが、それはあの女が、おまえたちが此処にいないか探りを入れてきているだけだと諭され、何とか耐えた。苦しいことは苦しいのだが、そのお寺のお堂にいると、何か大きなものに守られているような気がして安心でき、苦行にも集中できたという。

かくして、約二週間ほど掛かり、その苦行は無事に済んだ。

姉は、すっかりと元気を取り戻したが、その顔にはかつての強気だった姉の面影はなかった。それは、ともに苦行に臨んだ家族全員が同じだった。

苦行の後半も、寺の周りからは、「どこに行った？　隠れても無駄だ！」と叫ぶ声がずっと聞こえていたという。その度に、そんな声に耳を傾けるなと諭された。

更に、どんなに親しい人がこの場所に現れて声を掛けてきても、絶対に反応してはいけないと言われていた。それもまたあの女が探りを入れるために送り込んだ幻影に過ぎず、その声に反応した時点で、この呪法は終わってしまう。そうなれば、即おまえたちは連れて行かれるぞ、と警告されており、確かにそんな場面が何度もあったが、何とか家族でそれを乗り越えることができた。

苦行を終えた今、その声はすっかり聞こえなくなっていた。

最後にその寺を出る際、高僧から厳しい顔で忠告された。

「今、おまえたちの姿は、あの悪霊からは見えていない。紙でできた人形が、おまえたちの身代わりになっているからじゃ。探りの念を飛ばすことはできても、さすがに悪霊の本体まではこの寺の結界に入っては来られない。だから、何があっても、あの人形がおまえたちそのものであり、身代わりだと気づかれぬようにする。ただし、それも絶対的なものではないし、もしもバレてしまったら、その時はおまえたちも含め、この寺もろともその呪いで一瞬にして壊されると思いなさい。あれは、それほどまでに邪悪で強大なものなのだから」

そして、あの悪霊を祓う手段が、現状この日本には存在しない以上、この方法しか残されていなかったのだという意味をよく理解して欲しい。

だから、もう二度とその男の側に近づいてはいけないし、あの悪霊のことを考えることすら禁忌になるのだと――。

俺も一度、写真に写ったその最強の悪霊とやらを見せてもらったことがあるのだが、その姿は一度見ただけで、ずっと忘れられないものとなっている。

ちなみに、この話の中に、一度もその女の名前は、書かなかった。

俺は聞いてしまっているのだが、もしかすると、名前を知るだけでも、危険かもしれないと思い、あえて名前は書かなかった。

だから、安心していただきたい。

この話の悪霊は、除霊できずに、今も現世に存在している。

母親が娘を護った方法とは……

これは俺が体験した話で、恐ろしいが、少し悲しい話でもある。

もう随分昔のことになるが、楽器店の店長をしている知り合いに頼まれ、ある女性にギターを教えることになった。

彼女の年の頃は三十代。何やら訳ありらしく、最初は断ろうと思ったのだが、やる気はあるから頼むよと懇願され、引き受けることになった。

実は彼女、もともとはその楽器店でギターを買い、ギター教室の初心者コースを受講していた生徒さんだった。だが、金銭的な理由で辞めざるを得なくなってしまったのだという。

それでも、彼女にはどうしてもギターをマスターして、自己表現してみたいという夢があった。その想いに心打たれた店長が、俺を紹介したのだ。

俺自身、ギターを愛する気持ちは同じだ。空いている時間で良ければ彼女の力になりたいと思い、二人きりの青空レッスンが始まった。

練習は月に二、三回。俺の仕事が休みの日に、公園で行った。お金は使えないので、スタジオレッスンなどはできなかったが、外でのんびり音を奏でるのは気持ちがよかった。

公園の開放感が、彼女の心も開いてくれたのかもしれない。練習の合間にぽつぽつと自分のことを話してくれるようになり、俺は彼女がかなり壮絶な人生を歩んできたことを知った。

普通に話している分には全く気付かなかったが、どうも精神疾患を抱えているらしく、それが原因かは分からないが、生まれ故郷を遠く離れ、親兄弟とも音信普通のまま、たった一人で生きてきたらしい。

そして、二十代後半に結婚。ようやく幸せを掴んだのかと思いきや、これまた苦難の連続であった。どうやら結婚相手の男性にも精神疾患があったらしく、生活は常に貧窮していた。

それでも、苦しい暮らしの中で一人娘を授かる。

生活は更に苦しくなったが、それでも娘がいるということが、彼女の心の支えになった。それだけは確かな幸福であり、紛れもない明日への希望だった。

だが、そんな矢先、彼女の旦那が、幼女へのわいせつ行為で逮捕され、刑務所に収監されてしまう。

その時のショックは酷いものであり、彼女は完全に心を病んでしまった。そのまま精神病院に入ることになり、既に小学生になっていた一人娘は保護施設へと預けられることになった。

そんな彼女を救ったのが、とある歌手の歌であり、歌の持つ力に感動した彼女は、自らギターを持ち、歌いたいと切望するようになった……。

——と、以上が俺と出会うまでの彼女の人生なのだが、このあと、更なる苦難が彼女を襲う。

悪夢の始まりは、夫の自殺からだった。

服役からわずから半年後、彼女の旦那が刑務所内で自殺をした。俺が彼女にギターを教えるようになって三ヶ月ほど経った頃の出来事であった。

それからというもの、施設にいる娘のところに自殺した旦那の霊が頻繁にやってくる。食事をしている時、寝ている時、学校に行っている時……。旦那の霊は、お構いなしに娘さんの側に現れ、更には手を掴んで連れて行こうとすらした。

一緒に暮らしていた時には、どちらかと言えば我が子に無関心な父親だった。たいして可愛がってもいなかったのに、何故今更娘に纏わりつくのか……。彼女にはさっぱり理解できなかった。

娘は、父親の霊が現れるたびに怯え、泣いて助けを求めた。

だが、幽霊が出るなどといった非科学的な問題で、保護施設や警察が動いてくれるべくもない。母親の自分が何とかしてやりたいが、己の精神状態もいまだ不安定な今、手元に引き取ることも許されず、ただただ自殺した旦那を恨むことしかできなかった。

そのうち、保護施設のいたるところで旦那の霊が目撃されるようになる。最初は娘にしか見えなかった姿が、複数の人に目視されるようなったのだ。そうなると、誰もが怖がって娘さんに近寄らない。娘さんはどんどん暗くなり、施設の中でも孤立していった。

施設側も、これ以上怪異が続くようであれば、娘さんを施設に置いておくことはできないと考えだす。

彼女は、焦り、色んな人に相談してみたが、手を差し伸べてくれる者は一人としていなかった。

そんな中、旦那の霊は、いよいよ現実的に娘に害を及ぼし始めた。

階段から突然、突き落とされる。

夜中に首を絞められる。

旦那の霊は娘の命を奪い、連れて行こうとしているのだ。

彼女は藁をも縋る思いで、月に数度ギターを教えているだけの薄い繋がりの俺にも相談をしてきた。愛娘を救おうと、本当に必死だったのだ。

俺なりに、真摯に話を聞き、すぐに知り合いの霊能者さんたちにも協力を要請した。

勿論、皆快く応じてくれたのだが、彼らは全員同じ懸念を口にし、顔を曇らせた。

それは、血縁の厄介なところ、非常に危険な側面であった。

彼ら曰く、血の繋がりというのは良くも悪くも強力で、父親である旦那は、既に娘さんの魂の一部を握っている状態なのだという。だから、このまま旦那さんの霊を祓い、消滅させてしまえば、娘さんの一部も亡くなってしまう。そうなれば、この先娘さんは生きた屍のようになってしまうだろう……というのだ。

辛い話だったが、俺はそれを彼女に伝えた。

そして、何か良い案を考えるから、もう少し待って、と。

諦めないで待って、と……。

でも——彼女はもう限界だったのかもしれない。

それから数日後、彼女は一人暮らしのアパートで、首を吊って自殺した。

傍らに置かれた遺書には、こう書かれていた。

『皆さんに迷惑ばかりお掛けして、本当に申し訳ありませんでした。

そして、本当にありがとうございました。

皆さんに与えていただいた幸せな時間を決して忘れません。

そして、その幸せな時間を取り戻すために、私は自ら命を絶ちます。

娘は私にとって、全てです。

母親が娘を護った方法とは……

娘が普通に生きていけることが、私の幸せなのです。

だから、悲しくもないし、後悔もありません。

霊魂が存在することを信じて、私は私の力で、旦那から娘を護ります。

これが私にできる全てで、最後です。

そこから先、一人で生きていく娘の力には、なれそうもありません。

だから、最後にひとつお願いできるとしたら、これから一人ぼっちで生きていかねばならぬ娘のために、誰かが力になってくれたら、と願います。

最後まで勝手なお願いばかりですが、どうか、お願いいたします。


それでは、私はもう逝きます。

お許しください』

こんな内容だった。

彼女を知っている者たちは皆、早まった真似をして……と嘆いた。俺も哀しく、やりきれなさに胸が張り裂けそうな思いではあったが、その一方でさらさらと心が洗われていくような何かも感じていた。

実は、どうやっても娘さんの魂を救った上で父親の霊だけを祓うことは不可能と言われていたこともあり、彼女の娘さんに対する深い愛情と覚悟に、敬意を表するしかなかった。

それ以後、娘さんの周囲で怪異は発生しなくなり、父親の霊が現れることはなくなった。

娘さん自身も明るさを取り戻し、すっかり元気になったが、何故か父親についての記憶が一切なくなっていた。

念のため、知り合いの霊能者にも見てもらったが、あの霊は完全に消滅しており、娘さんの魂も欠けることなく元に戻っているとの見解をもらった。

「お母さんの強い気持ちが、夫の霊を道連れにして、地獄へと運んでいったんですよ。それにしても、娘さんのほうの魂も元に戻るなんて、奇跡としか言えないです」

霊能者さんも信じられないように目を細めてそう微笑んだ。


娘さんは、その後、母親が亡くなったことを知り呆然としていたが、今は元気に保護施設で生活している。そして、俺を含めた彼女の友人たちで、娘さんの成長を見守るという約束を守り続けている。

いつか彼女が、母親の夢だったギターを奏でる日がくるかもしれない。

そんな日がきてくれたらと密かに俺は願っている。

年に一度の大切な夜

これは、俺が行きつけにしているジャズバーの話。

店にご迷惑が掛かるといけないので店名は伏せさせていただくが、本当は皆さんにお勧めしたいくらい素敵な店である。元々はロックしか聴かなかった俺にジャズの素晴らしさを教えてくれたのもこの店であった。

平日はマスター厳選のレコードや、ジャズピアノの生演奏を聴きながら酒が呑めるのだが、週末は客も多いせいか、よりゴージャスにジャズバンドの生演奏が聴ける。

生演奏などというとちょっと構えてしまいそうだが、そんなことは全くない。ジャズ好きなら誰でもＯＫという気さくなノリである。

現に、俺が最初にその店を訪れた際も、ロックしかやったことがない俺を飛び入りでステージにあげ、バンドに参加させてくれたほどだ。あの時はどうしてもフレーズがロック調になってしまい、恥ずかしい思いをしたのを覚えている。

さて、話が逸れてしまったが、この店。年に一度だけ、曜日に関係なくバンドの生演奏が聴ける日がある。

その日は、昔この店で働いていた男性の命日であった。

誰に対しても気さくで、優しく、とにかくジャズが大好きだった彼なのだが、ある日、不慮の事故で亡くなってしまった。

バンドでギターとベースを担当していた彼は、俺にジャズギターやジャズベースの弾き方をいちから教えてくれた人でもあった。俺が店に行くと、いつも嬉しそうな顔で迎え入れてくれ、「やぁ、取りあえずセッションでもしよう」と、ごく自然にバンド演奏が始まるという感じだった。

だから、彼が事故で亡くなったと聞いたときには本当にショックだったし、しばらくの間は、現実のことだとは思えなかった。信じられないというより、信じたくなくて心が拒否していたのかもしれない。

彼が亡くなってからも、俺は度々呼ばれては、その店でジャズを演奏した。

そんな時はいつも、「彼だったら、こんなフレーズを弾くだろうな」「ここでこう合わせるだろうな」などと考えながら弾いている。そうすると、まるですぐ横に彼がいて、一緒に演奏しているような錯覚に陥る。

彼の命日。年に一度のその日は、毎年凄い数のお客さんで、お店に入りきらない程になる。

その日は、とにかく朝から不思議なことが起こった。

彼の命日は夏なのだが、お店のオーナーが出勤してくると、既にクーラーがついていたり、トイレが綺麗に掃除されていたりする。

ただ、誰もそれを気味悪く思う者はいない。

ああ、彼が来てるんだな。

そう感じるだけ。

そして夜。本番の生演奏は普段とは違う、変則的なバンド編成になる。

ピアノとボーカル、ギターとドラム、そして、サックス——そう、ベースなしでの演奏になるのだ。

その日にはいつも俺が呼ばれてギターを弾かせてもらうのだが、とにかく暖かい演奏であり、すこぶる評判は良い。

そして、ベースがいないはずのそのバンドで、しっかりとベースの音が響いている。ウッドベースを弾いているような、暖かい低音がずっとバンドを包んでいる。

普通に考えれば、ベースがいないのに、何故ベースの音が聞こえるんだ？　と不審に思うだろう。だが、その日聴きに来るお客さんは、彼のことを知っている方ばかりであり、まるで聞こえるのが当然のように、ベースの音に聴き惚れている。

涙を流して聴いているお客さんや、彼の名前を連呼しているお客さんもいる。

そうなのだ。

その日の主役は、あくまで〈彼〉であり、他のバンドメンバーは、皆、脇役だと認識している。

それでも楽しいから、毎年、その日が来るのを楽しみにしている。

そしてカウンターには、彼の好きだったバーボンロックをグラスに入れておくのだが、気がつくといつもそのグラスは空になっている。

今年も、夏が来れば、彼に会える。

そう思うと、ギターの練習にも力が入る。

俺にとってもかけがえのない、待ち遠しい夜がもうすぐ来る。

無銭飲食

そのショットバーに行くのは初めてだった。

大学時代の友人に誘われて神戸で飲み、その流れで訪れた店だった。

古い造りの店内に相応しく、マスターもかなり年季の入った人だったが、そのせいか、懐かしさを覚えるほどに居心地が良かった。

ただ、その時は〈あること〉が気になってしまい、つい怪訝な顔つきになってしまっていたかもしれない。

気づいたマスターが、「どうかしましたか？」と声をかけてくれたので、俺もストレートに疑問をぶつけてみた。

「あの……さっきから何人ものお客さんがお勘定しないで、黙って店を出て行ってるけど、いいんですか？　あれって無銭飲食なんじゃ……それともただの常連？」

すると、マスターは少し笑いながら、こう言った。

「ああ、お客さんは見える人……なんですね？」

「え……」

マスターは続ける。


確かに無銭飲食なのかもしれませんね（笑）

お金は一度も貰ったこと、ありませんから。

でも、あの人たちは純粋にお酒が飲みたくて此処に来てくれてるんですよ。

死んだ後もお酒が飲みたくなって、幾多の店の中からこの店を選んでくれた。

私にはそれだけで十分なんですよ。

生前は色々と大変な人生を送られた方もいるんでしょう。

ですけど、死んだ後はそういう重荷を全て降ろしてね、純粋にお酒を楽しんでもらえたらなって思うんです。

それにあの人たちが来てくれるから、この店の独特の雰囲気も保たれている……。

ほんと、持ちつ持たれつなんですよね。

そんな人たちからお代なんて頂戴できません。


微笑むマスターに、常連客らしい男性がこう付け加えた。

「そうそう、大切な飲み仲間なんだよな！　だから、もしもお代が必要なら、俺たちがちゃんと払うさ」

男性はそう言って、グラスのウイスキーを一気に飲み干した。
こんな素敵な店なら、是非また来たい。
そう思った夜だった。

彼女が死ねない理由

これは知人から紹介された、一人の女性の話である。

とにかく会って、話だけでも聞いてやって欲しいと乞われ、よく分からないまま会うことになった。あえて確認しなかったが、心霊絡みのことなのだろう。俺に頼むということは、そういうことだった。

初対面であるし、酒でも飲みながらのほうが話しやすいだろうと思い、場所は俺の行きつけの店を指定させてもらった。そこなら客も少ないし、ママもその手の話に理解があり、余計な口を挟まない。

お店自体が狭く、カウンターしかないというのもうってつけだった。こういう話をする時にはできるだけ狭い店のほうがいい。これまでの経験で、俺にはそれがよく分かっていた。

初秋の宵口。

まだそこそこ暑さが残っている時期で、俺は半袖のシャツを着て約束の店に向かった。

待ち合わせの時間には余裕があったが、知人はもう来ていた。俺を見つけると軽く手をあげ合図を寄越す。

同時に、知人の横に座る女性がうつむき加減に振り返って、小さく会釈した。

暗い女性だな、というのが第一印象。だが、それ以上に驚いたのが彼女の服装だった。

帽子にサングラス、首にはマフラー。おまけに季節はずれのコートを着込んでいる。明らかに普通ではなかった。

(この人、大丈夫なのか……？)

正直そう思ったが、顔には出さぬよう努める。

そのまま軽く会釈を返すと、知人とは逆側の彼女の隣に座った。

二人は先に水割りを注文して飲んでいたので、俺もいつものバーボンをママに頼む。まず一口、とろりとした琥珀で舌を湿らせた俺は、早速彼女に向かって切り出した。

「それであの、話というのはどのような……？」

すると、彼女が答える前に、知人が先に口を開いた。

「実は……彼女、自殺未遂者なんです」

予想外の答えに一瞬、面食らう。どう答えたらよいか逡巡していると、黙っていた彼女が突然コートを脱ぎ出した。

コートの下はこれまた季節外れのセーター。俺の中の違和感はますます膨れ上がり、ざわざわとした何かが虫のように胸に広がった。

彼女はコートを膝に置くと、続けて首のマフラーを解き、サングラスを外す。最後にかぶっていた帽子を取ると、初めて俺のほうに顔を向けた。

情けないことに、その瞬間かなり俺は動揺した。

何故ならそこにあるはずの髪は抜け落ち、頭皮がやけどのように引き攣れていたからだ。細い首にはぐるりと赤黒い溝が刻まれ、手首にも太い傷が残っている。それは自傷のためらい傷などとは全く違う、本気の意思が窺えるものだった。

そして、俺を見つめる双眸。彼女の両目には、白内障のような灰色の膜が掛かっていた。俺の動揺は彼女にも伝わってしまったらしい。ふっと自嘲めいた笑みを口の端に浮かべると、彼女は見た目からは想像のつかぬ透き通った声で語り出した。


私、ずっといじめられてきたんです。

親にも虐待され、それによってできた傷痕のせいで、小学校から高校までずっといじめに遭ってきて……。

最初は、軽い気持ちでした。何となく。ただ衝動で自殺を図ったんです。

でも……でも今は、本気で死のうと思っても、絶対に死ねないんです。


そこまで聞いて、申し訳ないが彼女の話を遮った。

「あの……自殺自慢の話とかでしたら、俺は――」

そう言うと、彼女は軽く笑ってそのまま話を進めた。


いいえ。

私が聞いて欲しいと思っているのは自殺の自慢話なんかではなくて……それが霊によるものだからなんです。

自分では死のうと思っても、やはり怖くなってしまってなかなか実行できないものなんです。手首を切ろうと思っても、普通に考えている程度の深さでは出血なんて簡単に止まってしまいます。

だから私も、最初は本当に死にたいというよりも、死んだら楽になるかも……くらいの考えだったんです。

でも、あいつが現れるようになってからは違うんです。

そう、今は本気で……心底死にたいと思っているんです。

だって、今以上の地獄なんてないですから――。


そこまで聞いて、再び俺は話を止めた。

「あの……ごめん。今、言った〈あいつ〉っていうのは誰なの？」

するとと彼女はすんと息を吸ってから、自らを奮い立たせるように口を開いた。

〈あいつ〉というのはたぶん……私にとり憑いている悪霊です。

いつも近くにいて、私が死のうとするのを待っているんです。

だから私は、死のうと思わないようにしました。そういうことは考えないよう思考の外に追いやって、打ち消して……。

でもあいつは、巧みに罠を仕掛けて、私が死にたくなるように導くんです。

ああ、死にたい……死ぬしかない、今すぐ死ななきゃって。

その罠にかかって死のうと思ってしまった時、あいつはすぐに私の前に現れます。

——手伝ってあげようか、と。

そのおかげで、今のような姿になりました。

手首を切ろうとした時は、もっと強くと言われ、何度も深くカッターを入れさせられました。

首を絞めようとした時は、もっときつく深く絞めなければと手が動く。

そして、焼身自殺をしようとした時は、直前で家族に迷惑が掛かると思い直し、一旦は自殺を止めたんです。なのに、そんなことは許さないと頭から灯油をかけられ、火を……。

その時の火傷で視力の殆どを失い、頭は髪が全て焼け落ちて、今も酷い痛みが続いています。

不思議でしょう？

これだけのことをしても死ねないんです。

医者にも分からない。説明がつかない。

私だって理解できません。

こんな姿のまま、痛みだけを背負って生きていくなんて拷問です。死ぬよりつらい……。


そんな時、一人の女が夢の中に出てきたんです。

いえ、あれは夢ではなく、現実だったのかもしれません。

女は、言いました。

私もずっといじめに遭い、そして自ら命を絶ったのだと。

だから、おまえの自殺も手伝ってやる。

しかし、絶対に死なせはしない。

自殺の痛みと苦しみ。そして恥辱を抱いたまま、おまえはこれからもずっとずっと生きていくがいい。

それが、私の現世での復讐であり、唯一いじれるのがおまえなのだから、と。

だからきっと、これからも私は死ねないのだと思います。

ビルの屋上から飛び降りても。

列車に飛び込んでも。

きっと地獄の痛みを味わった末に、生き延びさせられてしまうのだと思います。

今夜、貴方にこの話を聞いてもらいたかったのは、貴方が霊に纏わる体験を色々とされていると聞いたからです。

だったら、私の話を信じていただけるかもしれない。

この世にたった一人でいい、私の話を本気で信じてくれる人がいてくれたなら……。我侭かもしれませんが、それが今の私の唯一の願いなんです。この話を真実として心の片隅に仕舞っておいてくださる方がいれば、それでいい。それで十分なんです……本当に。

私はもう、今の状況から助け出してもらいたいとは思っていません。

だから、私を助けようなどとは思わないでください、絶対に。

〈あいつ〉は貴方が思っている以上に強く、狡猾です。

だから――。


その瞬間、ゾクリとした寒気を感じて、おそるおそる背後を振り返った。

うなぎの寝床のような店の入り口。確かに閉めたはずのドアが十センチほど開いている。

そして、その仄暗い隙間から、ニタリと笑った女の顔がじっとこちらを覗いていた。

「――ッ」

言葉が出ない。ただ喉の奥がひゅっと鳴り、息が止まる。

凍りつく俺の視界で、ドアはそのままゆっくりと閉まっていった。

俺は大きく息をして、再びカウンターのほうへ向き直る。

目の前にあるママさんの顔が、恐怖で真っ白に固まっていた。


「もう行かないと……あいつが待っているみたいですね」

ため息のような呟きを溢し、するりと彼女が立ち上がる。

引き留める言葉も思いつかぬまま、俺は呆然と彼女の背がドアの向こうに消えていくのを見つめていた。

しばらく、震えが止まらなかった。

そして、何とか助けてあげたいと思った気持ちが、脆く崩れ、荒々しい風に跡形もなく吹き消されていくのを感じていた。

この話だけはAさんにも、相談してはいけない……。

何故か、そう思った。

セコムが反応する

これは、会社を経営する友人の話である。

彼は大学を卒業後、コンピュータ関係の会社に就職したが、勤続十年を過ぎた頃にその会社を辞めた。

理由は簡単、起業である。

ビルのワンフロアを間借りし、コンピュータソフトの会社を立ち上げた。が、元々デザインに興味があったこともあり、次第にデザイン事務所的な仕事が大半を占めるようになる。

経営は順調で、そこから更にコンピュータやプリンタ関係の消耗品も扱うようになった。当然、在庫の置き場所を含め、これまでのフロアでは手狭になってくる。彼は、思い切って新しいオフィスを探すことにした。

不動産屋通いを始めてまもなく、またとない物件が見つかる。

市内中心部からは少し離れていたが、まだ築三年弱の物件で、事務所に隣接して倉庫まで付いていた。にも拘らず、賃貸料はかなり安い。彼はもう、急いでその物件を契約した。

そしてこれは引越しの際に判明したことなのだが、事務所の壁紙は全て張り替えられ、また倉庫の天井には、過剰なほどびっしりと照明器具が取り付けられていた。夜に作業するとしても、ここまで必要だろうかと思わず首を傾げるほどである。

とはいえ、さほど気にも留めなかった彼は、よい物件に巡り合えたと喜んでいた。

そして、以前のオフィスでも設置していたように、某メーカーの防犯セキュリティシステムを設置してもらうことにした。

退社時にセキュリティをかけて帰れば、夜中に社内で動くものがあった場合、すぐに反応して、セキュリティ会社が駆けつけてくれるというものだ。

設置には休日の半分を費やしたが、無事完了した。

これで一安心と思った彼であったが——。

その夜、早速セキュリティ会社から彼の携帯に連絡が入った。

「どなたか、セキュリティロックしてから会社に戻られていませんか?」という問い合わせだ。

しかし、そんなことはあり得ない。そう伝えると、

「分かりました。これから見に行きます!」

という返事が返ってきた。

(引っ越し早々、不審者であろうか……)
もやもやとした不安を胸に待つこと一時間。
やっとセキュリティ会社から電話がくる。
「誰もいませんでした。だぶん、ネズミか何かだと思います!」
つまりは異常なし、ということである。
彼はほっとして電話を切った。

翌日、すぐにネズミ駆除用の薬をオフィスに撒いた。
これで大丈夫だろう。
そう思った彼の思惑はしかし外れた。
その夜もまた電話が掛かってきたのだ。しかも一度ではない。一晩に三度も、である。
今夜もオフィスに戻った者はいない。
昨日と同じやりとりが繰り返され、その度に、
「誰もいませんでした。たぶん、ネズミか何かだと思います……」
という連絡が入る。
そんな日が何日も続いたのだが、ある日を境に、バッタリと連絡が来なくなった。
(やっぱりネズミだったのかな……)

やっと薬が効いてきたのだろう。そう考え、彼は安心していた。

しかし、ある時――。偶然、夜間に会社の側を通った彼は、会社内の異常を知らせる赤色灯が光っていることに気が付いた。

慌ててセキュリティ会社に電話すると、

「わかりました。でも、今までは朝出社されても異常はなかったんですよね？」

と、聞かれた。

「……そうだけど？」

だったら、何だと言うのだろう。訝《いぶか》りながら答えると、

「それなら、このまま会社内には入らないほうが良いと思われます」

と、バカげた答えが返ってきた。

「はぁ!? 何ふざけたこと言ってるんだ！」

激高した彼は、その場で電話の相手に怒鳴り散らした。だが、相手は平謝りするばかりで、そのうち電話も切られてしまった。

「……何なんだよ、いったい！」

彼は、自分で中を確かめようとしたのだが、その瞬間、何とも言えない寒気が襲ってきて、そのまま確認することは断念し、自宅に戻った。

翌朝、真っ先にセキュリティ会社の担当営業を呼びつけ叱りつけた。

「高い金を毎月払ってるというのに、あれはどういうことだ！」

センサーが異常を伝えているのを知りながら放置していたのだ。彼の怒りももっともである。

しかし、担当営業は平謝りした上で、こう返してきた。

「最初はきちんと対応させていただいてたんです。けれど、こちらの会社に伺った者は、皆口を揃えて、二度と行きたくないと言うんです。本当に泥棒が入ったのなら幾らでも対応させていただきます。ですが……」

そこまで聞いて、彼の怒りは更にヒートアップした。

「はぁ？　泥棒じゃなかったら、一体何だと言うんだ！」

声を荒げて詰め寄ると、担当営業は申し訳無さそうな顔で声を絞り出す。

「でも……昨晩、社長が見たという赤色灯は、朝には消えていたんですよね？　つまり、そういうことです。契約の解除には速やかに対応させていただきますので……」

担当営業はそう言い残し、そそくさと帰っていった。

怒りで正常な判断ができなくなっていたかもしれないが、彼としてもこのままでは収まらなかった。

（ちきしょう。そこまで言うなら、俺が確かめてやる……）

彼はその日のうちに防犯カメラをレンタルし、会社内に設置した。

そして早めに仕事を切り上げると、一旦帰宅した。

念のため、夜間に車で確認しに来ると、やはり赤色灯が点灯していた。センサーに反応するものが中にいる、そういうことだ。


翌日出社した彼は、社員に頼んで防犯カメラの映像をチェックしてもらうことにした。

すると、すぐに社内に悲鳴が鳴り響いた。

急いで駆けつけた彼が見たものは……。

「な……んだ、これ……」

そこに映っていたのは、倉庫内を悠然と歩き回る大柄の女たち。

顔こそ確認できなかったが、皆、天井まで届きそうな身長である。

そんな女たちが、酷い猫背で何やら袋のようなものを引き摺っている。

一歩前に踏み出すたびに、ズルッ……ズルッ……という、気味の悪い音が鳴る。

女たちだけではない。

事務所のほうでは、痩せ細った男たちが、壁に向かって自分の頭を打ち付けていた。

はっとして、その部分の壁を見てみると、明らかに他の場所とは違う黒い斑点ができていた。

彼はすぐに不動産会社の営業を呼びつけ、賃貸契約を解除すると、新たな場所へと会社を移転した。

不動産会社の営業は、色々と釈明しようとしたらしいが、聞くつもりはなかった。過去にここで何が起こったのかなど彼には関係ない。聞く気にもなれない。

その後、彼が移ったのは古くて汚い社屋だったが、怪異は一切起こっていないということだ。

流れ作業

これは俺の友人から聞いた話である。

彼は某メーカーの工場で、三交代制の勤務に就いている。

三交代制というのは、一日を三つのグループに分け、八時間ごとに勤務を引き継いでいくシステムである。それにより、二四時間休みなく工場を稼動させることができるのだ。

シフトはローテーションで回すため、勤務時間は不規則だ。生活のリズムは崩れるし、体調管理も難しい。そのぶん少しだけ給料は良いのだが、大変な仕事であることには変わりない。

この三交替シフトの中で一番キツイのが、やはりと言うべきか、深夜から朝方にかけての勤務だという。が、それは体力的な理由ではなく、むしろ他に理由があるという。

彼が働く工場は、広い敷地を確保するために辺鄙《へんぴ》な丘の上に建っている。昼間でも寂しいところだが、深夜はなおさらで、完全に車の往来は絶えてしまう。唯一、シフトの交替時だけ道が混雑するのが不思議な光景であった。

工場には、会社が決めた訓辞のようなものが貼ってあり、すぐ目につくようになっている。どれもよくありそうな内容であったが、実はそこで働く社員の間にだけ伝えられてきた裏の訓辞、いや身を守るためのルールが存在するのだという。

それは深夜勤務に限られると言うのだが……。

それはある意味、自分の命は自分で護れという厳しいものかもしれないが。

◆訓辞① 作業中は絶対に工場内の人数を数えてはいけない。
これは、始業時に行われた点呼で人数は分かっているのだが、それでも何かの理由で人数を数えなおすと、必ず数人、人数が増えているのだという。

以前は、部外者が侵入したのではないかと改めて点呼を取ったらしいのだが、後日その場に居合わせた者全てに厄災が降りかかった。作業中に大怪我をしたり、車で帰宅する際に死亡事故で亡くなったりと、悲惨極まりなかった。

◆訓辞② 工場内でベルトコンベアによる流れ作業に従事している際は、決して手元以外を見てはいけない。
流れ作業をしていると、あり得ないものが視界に入ることがあるという。

それは、大人の顔だったり、子供の姿だったり、とにかくあり得ないものがベルトコンベアに乗って流れてくる。だが、そんな時も決して驚いたり声を出したりしてはいけない。

そんなことをすれば、更に沢山の顔や子供が流れてきて、そのままどこかへ連れて行かれてしまうのだという。

◆訓辞③工場内で笑い声や泣き声を聞くことがあっても、決してその声の主を探してはいけない。

これは文字通り、工場内で黙々と作業をしていると、どこからともなく笑い声や泣き声、そして誰かのヒソヒソ声が聞こえてくることがあるらしい。

それはほとんどの場合、人間の声ではない。

だから、そんな声を聞いたからといって周りをキョロキョロしていると、人外のモノに目をつけられてしまい、下手をするとそのままどこかへ連れて行かれるということだ。

そして、四つ目。

これが最後のルールになるのだが、実はかなり厄介である。

◆訓辞④　休憩時間には絶対に一人でいてはいけない。

深夜の工場内は、まさに人ではないモノたちで溢れているそうで、そんな場所で一人きりでいれば、当然狙われてしまうのだという。

気がつくと、見知らぬモノたちに囲まれており、そのままどこかへ連れて行かれる。

これはトイレに行く際も例外ではなく、大の大人が連れ添ってトイレに行かなければならないというのだから大変である。


ここに書いたことは勿論、俺の友人が働く工場だけの話であるが、実際には似たり寄ったりの怪異がどこの工場でも起こっており、そこで消えた人間も何らかの理由をつけて処理されているのではないか、と話していた。

深夜勤務といえば高給のイメージがあるが、それはどうやら暗黙の危険手当が含まれているからなのかもしれない。

死に顔を見る時には……

これは俺の友人が体験した話である。

彼女はもうそこそこの年齢なのだが、夢中になれる仕事を持っているせいか、いまだ独身だった。現在は実家を出て、ワンルームマンションで一人暮らしをしている。

親戚からは、いつまでも結婚しないことについてあれこれ言われていたようなのだが、唯一彼女の味方になってくれたのが彼女の叔母だった。

子供のいなかった叔母は、実の娘のように彼女を可愛がっており、彼女のほうも叔母を慕っていた。何か相談事があれば、真っ先に叔母の元を訪ねるほどに。

その叔母が、突然倒れて入院した。

知らせを受けた彼女は、取るものも取りあえず病院へ駆けつけた。突然の事態に嫌な想像ばかりが脳裏を駆け巡る。

ところが、いざ対面してみると叔母はいたって元気だった。青い顔で病室に駆け込んできた彼女の姿に吹きだし、「心配しないでいいから、貴女は仕事だけにしっかりと集中しなさい」と、逆に諭されるほどであった。

彼女はその言葉を信じ、これまで以上に懸命に仕事に打ち込んだ。

そして、彼女がお見舞いに行ってから半年ほどが過ぎた頃、思いもよらぬ連絡が入る。

――叔母、危篤の知らせである。

明日まで持ちそうもないから、急いで病院へ向かってくれと言う叔父に、彼女は揺れた。

実はその時、彼女は仕事で遠方へ出張している最中であったのだ。しかもそれはとても大切な商談のためであり、彼女がその場から抜けることはその商談を諦めるのと同義だった。

(ああ、叔母さん……)

今すぐ叔母の元に駆けつけたい気持ちと、仕事に対する責任感で彼女の心は張り裂けそうだった。

けれども、悩んだ末に彼女は仕事を優先した。叔母の危篤はあくまで個人的なものであり、私情で会社に迷惑をかけることはできない。そして何よりも、最後に会った時の叔母の言葉が彼女の背を押してくれた。「いつも仕事を大切にしなさい」と言ってくれていた叔母なら、きっと分かってくれるはずだと……。

二日後、無事大役を果たした彼女は会社に連絡し、そのまま休みを貰って叔母の元へ駆けつけた。

結局叔母は亡くなり、今は葬儀のために自宅に安置されているということは、飛行機に乗る直前に連絡を受けていた。

当然、覚悟していたことではある。

それでもやはり全身の力が抜け、しばらくその場から動けなかった。


ようやく叔母の家に着くと、待っていた親戚は温かく彼女を迎えてくれた。だが、中には辛辣な言葉をかけてくる者もいた。

「今更のこのこ来たってもう遅いわ」

「あんなに可愛がってもらってたのに、薄情な姪だよ」

勿論、彼女もそう言われるだろうことは想定済みだった。そう思われても仕方がないとも思う。それでも、叔母の夫から、「あいつ、○○ちゃんが来てくれるのをずっと待っていたんだよ……。でも、来てくれただけであいつも喜んでると思う。ありがとうな……」と言われた時には、堪え切れない思いがどっと溢れてきて、彼女はぐっと息を飲んで頷くので精一杯だった。

そして、初めて〈真実〉を聞かされた。

叔母は、最初に入院した時点で末期のがんであり、既に助かる見込みはなかった。

それでも姪っ子の仕事の邪魔にはなりたくないと、気丈に振る舞い、笑顔で送り出してくれたのだ。その後も、悪化していく病状の中でもいつも彼女の仕事のことばかり心配していたという。

だが、最後の最後。自分でも死期を悟ったのか、叔母は突然ワガママな子供のように、「あの娘に会いたい、早く会わせて！」と泣き叫んだらしい。

それを聞き、彼女はもういてもたってもいられず、叔母に会わせてくれ、死に顔を見せてくれとお願いした。

しかし、彼女の両親を含め、親戚の多くがそれに反対した。

「何故？　何故なの？」

詰め寄る彼女に、周囲は困った顔で言い淀む。

「がんの痛みが壮絶だったみたいでね……。最後まで苦しみながら死んでったから、顔もな……」

とても正視できるような状態ではないからと、止められた。

しかしそんなこと、彼女にはどうでも良かった。

とにかく今は叔母の顔を見て謝りたい。それだけだった。

「……やっぱり、会わせてください」

彼女の意思は固く、そこまで言うならと、最後は周りも折れるしかなかった。

布団に横たわる叔母の顔には白い布がかけられていた。

彼女は叔母の横に座り、そっと白い布を取り去る……。

「ヒッ……」

我知らず、声が漏れた。

そこに在ったのは、叔母の面影など微塵もない、ただただ悍ましい死に顔だった。

人間の口はここまで広がるものなのか？　と戦慄するほどに大きく歪んで開いた口腔、カッと見開き血走った目……。肉は削げ落ち、痩せ細り、まるで百歳を超えた老婆のようだった。

しかも……その表情は何故か、何かを恨んだまま死んでいった顔に見えた。

それでも彼女は必死に恐怖に耐えながら、叔母の顔を　凝視した。

ごめんね、ごめんね……と何度も心の中で呟きながら。

しかし次の瞬間、思わず、ヒッという悲鳴をあげてしまった。

何故なら叔母の目が、ギロリと彼女のほうへ向けられたから。

「あ、あ、あ……」

それは決して見間違いなどではなかった。

弾かれるようにその場から飛びのいた彼女に、すぐに親戚が駆け寄ってきて、急いで叔母の顔に布をかけ直す。

「だから見ないほうが良いって言っただろ……」

言わんこっちゃない。誰かが溜息をつくように吐き捨てた。

そして、今となっては彼女も、見なければ良かった、と後悔していた。

……それくらい、強烈な死に顔だったという。


何とか気を取り直し、彼女はそのまま通夜と葬儀には参列しようと決めた。

当然、親戚一同そのつもりでいた。

しかし、偶然その場にいた僧侶が彼女を呼んで、こう言った。

「もし、あなた。さっき本当に死に顔の目が、睨みつけるのを見たのですか？　もしそうなら、今すぐこの場を離れたほうがいい。貴女は死者に魅入られてしまった。この場に居続けたらあなた、下手をする一緒に連れてかれてしまいますよ。悪いことは言わない、一刻も早く、此処から離れなさい」

真剣な顔でそう言われた彼女は、すぐに両親や叔父にこのことを伝え、通夜と葬儀には参列しないことを伝えた。

まさかそんなこと……！　叔父には不快感も露わに引き留められたが、彼女はもう心を決めていた。

一刻も早くその場から……叔母の側から離れたい。

そのまま親戚連中に制止されるのも無視して、玄関に向かう。

すると、再び先程の僧侶が近づいてきて、こう言った。

「帰るんですね。それが賢明です。もしかすると、死者があなたを逃がすまいと邪魔をしてくるかもしれない。そんな時は、これをしっかりと握り締めていなさい。きっと、貴女を護ってくれるはずだから」

僧侶はそう言って、小さな御守りを手渡してくれた。

彼女は僧侶に礼を言うと、急いで車に走った。

——しかし、何故かエンジンがかからない。

こんなところで手間取っている訳には行かない……。彼女は車で帰るのを諦め、すぐさまバス停を目指して歩き出した。

ところがバス停に着くと、今度は事故のため、当分バスは来ないと言われてしまう。仕方なくタクシーを拾おうとするが、こんな時に限ってタクシーは一台も通らない。

(これも、叔母が私を帰らせまいとして起こしている怪異なのかも……)

そう思うと、一層怖くなってしまう。

しかし、彼女は諦めなかった。歩いてでも帰ると決めたのだ。

徒歩だと二時間、いやそれ以上かかる道のりだが、徒歩ならば邪魔されることもないだろう。何より彼女には、先ほど貰った御守りがある。

彼女は御守りをしっかりと握り締め、歩き出した。

途中、それなりに不思議な場面もあったが、何とか予定よりも早く彼女の部屋へと戻ってくることができた。

翌日、無事に通夜と葬儀を終えたという連絡が両親から入った。

しかし、それと同時にとても嫌な話が耳に入ってきた。

通夜の前に、今すぐこの場を離れるようにと促し、お守りを渡してくれたあの僧侶が、葬儀の最中に体調を崩し、そのまま亡くなったという知らせだった。

もしかして……。

不吉な想像が脳裏をよぎったが、できるだけ気にしないようにした。

気にすれば、それが叔母の霊を呼び寄せてしまうような気がしたからだ。

しかし、彼女の嫌な予感は当たってしまう。

その日以来、彼女の部屋の前に、菊の花が置かれるようになったのだ。毎晩、仕事から帰ってくると、供えるようにして玄関に置いてある。

しかも、その菊の花からは生前、叔母が好んで使っていた香水の臭いがした。

彼女は恐ろしくなってその菊の花を毎回捨てるのだが、翌日にはまた新しい菊が供えられている。

怪異はそれだけではなかった。

彼女が部屋にいる時、頻繁にドアがノックされるのだ。

「はーい？」と言ってドアを開けるが、そこには誰もいない。

首を傾げながらリビングに戻ると、またドアがノックされる。

そんなことが繰り返された。

それから、夢も見るようになった。

夢の中ではいつも叔母が後ろ向きに座っており、彼女への恨みつらみを切々と訴えてくる。そんな夢だった。

そして、次第にそれはエスカレートし、彼女が仕事から帰宅すると、まるで誰かが直前までその部屋で寛いでいたかのように、部屋の中が荒らされていた。

彼女は必死に耐え続けた。

あの時、叔母より仕事を選んだ結果が叔母を傷つけたのだとしたら、何とか説得して分かってもらおうと常に思っていた。

しかし、そんな彼女の気持ちはあっけなく覆される。

夜寝ていると、突然、馬乗りになって叔母が現れ、彼女の首を絞めてきたのだ。

部屋で仕事をしている時も、後ろから首を絞めてくる。

その時に見た顔は、紛れもなく死に顔として見た叔母の顔であり、彼女の首を絞める力も本気で殺そうとしているとしか思えないほどに強かった。かろうじて絶命する直前に意識を失い、数時間後に目覚めるということを繰り返していたが、夢ではない証拠に、首には紫色の鬱血痕が生々しく残っていた。

叔母が彼女を連れて行こうとしていることはもはや明白であり、彼女はもう限界を超えてしまっていた。

そこで、俺に相談してきたのである。


彼女に会うと、そのやつれ具合に俺は驚いた。

一刻の猶予もないと感じた俺は、Aさんに頼み込んだ。

事情を説明すると、Aさんは面倒くさそうに言った。

「お寺の僧侶を呪い連れて行ってしまうほどの相手に、私に何をしろと言うんですか……。それに、その叔母さんっていう人の気持ちも少しは分からなくもないですしね」

「……でも、死者が生きている者を連れて行くってどうなの？」

そんなことは許しがたいと俺は反論した。

Aさんは溜息をつくと、「はいはい。行けばいいんですよね」と言って電話を切った。

文句は言っても、最後は俺の無茶を聞いてくれる……なんだかんだでAさんは優しい人だっだ。

現場である彼女のマンションまでは、俺の車で向かった。

Aさんを迎えに行く途中、コンビニでたんまりお菓子を買っていくと、Aさんの機嫌が一気に上向く。Aさんは無類の甘党なのだ。

彼女のマンションに着き、車を降りた俺たちは早速彼女の部屋へと向かった。

緊張する俺をよそに、Aさんはまだ幸せそうにお菓子とシェイクを味わっている。

部屋の前にくると、大量の萎れた白い菊の花がドアの前に置かれていた。噂どおりだが、ここまで大量とは聞いていない。どうやら俺たちの来訪を好ましく思っていないようだ。

俺は散らばる花を手でどかしながら、彼女の部屋のインターホンを押した。

ずっと待ちかねていたのだろう。すぐに彼女がドアを開けてくれた。

Aさんは、隣でずっとお菓子を頬張っていたが、それでも彼女の顔を見るなり、「ああ、憑かれてますね……」と、呟いた。

中に入ると、Aさんはそのまま部屋全体を見渡した。

「うーん。確かにこのままこの部屋に住んでいたら、遅かれ早かれ死ぬでしょうね……」

淡々とそんなことを言ってから、憔悴しきっている部屋の主に話を聞いていく。

そのうち、辺りはすっかり暗くなってしまった。

いや、現実には、まだ暗くなるような時間ではないのだが、にわかに空は雲で覆われ、一気に部屋の中が薄暗くなってしまった。

突然、キーンと耳鳴りがした。

「Kさん、出ますよ！」

Aさんの声とほぼ同時に、玄関の方から白い靄のような物が立ち昇り、次第にそれが人の形になっていく。

どうやらそれが彼女の叔母らしかった。

その叔母というモノが、すっと泣きながらAさんに話しかける。

どれだけ自分が辛かったか。

どんなに彼女を可愛がってあげていたか。

その挙句に裏切られた時の気持ちは、とても言葉にはできない、と。

そして、そんな彼女を一人で残していくのが不憫だから、私は、彼女をあちらの世界へ連れて行きたいのだ、と。

だから、どうか邪魔しないで欲しい……そう切々と訴えた。

それを聞いていたAさんは、意外にも、その話を真面目な顔で聞き、時折相づちも打っていた。

俺は少し不安になった。もしかしたらAさんは、このまま叔母の霊に丸め込まれてしまうのではないか……。

だが、最後まで黙って聞き終えると、Aさんは大きくため息をついた。

「で――言いたいことはそれだけ？」

Aさんは怒っていた。

「まぁ、話は分かったし、あなたの気持ちも理解できなくはないよ。だけど、そういうのをひっくるめて悪霊っていうの！　自分では分かっていないと思うけどね。死者が生きているものにちょっかい出して、挙句の果てに連れて行こうなんて、どんな理由があっても許されることじゃないの。ましてや、お坊さんも道連れにしたんだって？　それじゃもう、救いようもないよね」

そう言って、目の前の叔母の霊を睨みつけた。

すると、さめざめと泣いていた叔母の霊は、急にとても醜い顔になり、ぐんと膨れ上がる。

「……おまえなんかに何が分かる……」

叔母の霊は低い声で凄んできた。

Aさんは、面倒くさそうに向けられた邪気を払いのける。

「はいはい。強そうだし、十分怖いから。でも、本当懲りないというか、そんな脅ししかできないっていうのもねぇ……」

そう言って、両手を前方にかざした。

「消えなさい」


言葉とともに、青白い光が部屋中を包み込んだ。

光で何も見えなかったが、それでも何かの苦しそうな声は聞こえていた。

が、やがてそれも光が収まる頃にはすっかり消え去っていた。

俺も、友人も、しばし口もきけずにぼんやりとしていた。

「はい。終わりましたよ。もうあの叔母さんの霊があなたの前に現れることはないと思う。

けどそうね、それでもあなたはしっかりと叔母さんのお墓にはお参りを続けないとね！」

Aさんはそう言って、彼女の目をじっと見た。

「……ええ、ええ、勿論です」

頷く彼女の頬を一筋の涙が伝っていた。

死んだ母親から娘を守った話

これは知り合いの霊能者のAさんから聞いた話。

Aさんには、昔からの親友がいた。

霊感など全くないのだが、何故か気が合うのだという。

だから、事あるごとにその友人と色んな場所へ出掛け、楽しい時間を過ごした。

ここでは仮にBさんとしておく。


Bさんはとても女性らしい性格で、容姿も申し分なかったので、行き遅れているAさんとは対照的に、若いうちに結婚してしまう。美男美女のカップルということで、その将来は素敵なものになるはずだった。

しかし、彼女の夫となった男性は仕事を辞め、ギャンブルにのめり込んでしまう。挙句の果てに浮気をし、暴力まで振るうようになった。

結局Bさんは、結婚三年目で離婚してしまう。

旦那との間にできた幼い娘はBさんが引き取った。

それから、Bさんと娘さん二人だけの生活がスタートした。

元旦那は、養育費すら入れてくれなかったが、正直、Bさんにとってはそんなこと、どうでも良かった。余計な思い煩いから解放され、かえって晴れ晴れとしていたし、何より愛娘との生活は楽しく、それだけで幸せを実感できた。

Aさんも、そんな親友の娘さんをまるで我が子のように可愛がっていた。

Bさんの生活は、何をするにも全て娘が最優先であり、どんな辛い仕事も苦にはならなかった。毎日仕事を終えて帰宅し、娘を保育園に迎えにいく……そんな生活がBさんは大好きだった。娘の顔を見れば、辛かったその日のことも一瞬で吹き飛んでしまっていた。

しかし、娘さんが小学校に入学する頃、Bさんの体に癌が見つかる。

検査で見つかった時には、もうステージⅣの末期。余命も半年と宣告される。

以来、Bさんの生活は一変した。仕事も辞め、娘の世話は実家の母親に任せて、Bさん自身は、何やら変な宗教に入信してしまう。

Bさんの病状を知ってから、できるだけ口を挟まず、好きにさせていたAさんも、これにはさすがに驚き、Bさんに辞めるように説得した。

何故ならその宗教は、名前は出さないが、蘇りの邪法を提唱しているカルト宗教だったからである。

しかし、説得しようとするAさんに、Bさんは噛みついた。

「健康なあんたに何が分かるの⁉」

そんなふうに言われてしまい、Aさんも傷つき、がっくりと落ち込んでしまう。それ以来、めっきりBさんとは疎遠になってしまった。

いっぽうBさんはそのカルト宗教に入信したまま、痛み止めだけで闘病し、結局、医者の余命宣告である半年を大幅に超えて、1年半後に死亡した。

死ぬ間際には、娘を病院のベッドの横に座らせ、「お母さんは、また蘇って、会いに来るから……」と、何度も娘さんに言い聞かせていたという。

そして埋葬の際には、娘の髪も自分と一緒に燃やしてくれと懇願し、笑いながらこの世を去っていった。その時のBさんの笑い顔は、実の母親でさえ恐ろしく感じるほどの、不気味で鬼気迫る笑みだった。

Aさんが Bさんの訃報を知ったのは、葬儀の案内が来た時であった。

Aさんは、通夜も本葬も参列し、Bさんの死を心から悼んだ。結局は何もしてやれなかった自分が情けなく、ずっとそれを後悔していた。

そしてその反面、もうこれ以上はBさんのことを引きずらず、自分の心に一度区切りを付けなければとも思っていた。

しかし、葬儀から一週間が過ぎた頃、Aさんの元に、Bさんの母親から連絡が入った。何やら不可解な出来事が連続しており、娘の供養のためにもAさんの知恵を借りたいという内容だった。

最初、これ以上関わるのはBさんの意思に逆らうのではないかと思い、Aさんは頑なに固辞した。だが、話を聞いていると、どうやらその怪異の対象が亡きBさんの娘さんに及んでいると知り、Aさんは重い腰をあげた。

何故なら、Aさんには確信があったから。

あれだけ可愛がっていた娘さんを、母親に預けっぱなしにしてまでカルト宗教に入信したBさんには、きっとそれなりの目的があり、その目的とは、他ならぬ自分の復活……ひいては最愛の娘さんを連れて行くことに違いないと、そう予測していた。

Aさんは、急いでBさんの実家に向かった。

実家に着くと、Bさんの母親が心配そうな表情で迎えてくれ、いきなり詫びを口にした。

「ごめんなさいね。Aさんまで巻き込んでしまって。でも、もう、Aさんしか頼る人がいなくて……。以前は、Aさんもよく知ってると思うけど、霊とか魂とか少しも信じるような子じゃなかったの。なのに、何故かそういうものを信じるようになって……あっという間に変な宗教に染まってしまったわ。

あと……ずっと黙っていたのだけど、実はあの子、死ぬ間際も、自分が死んでもAさんには伝えるなって言ってたの。

知れば、私の邪魔をするからって。

だから、孫を守れるのは、Aさんしかいないんじゃないかって思って……。

本当にこんなことになってしまうなんて……ごめんなさい。でも、助けてください！」

Bさんの母親はそう言って泣き崩れた。

Aさんは、彼女が落ち着くのを待って、まずはBさんの写真が置かれた仏壇を拝ませてほしいと頼んだ。

仏間に通され、Bさんの写真と対峙する。

すると、締め切った部屋にもかかわらず、ロウソクの火が大きく揺れて消えた。同時に、部屋の窓ガラスや襖がバタバタと音をたて、荒れ狂うように揺れた。

と、次の瞬間、パァンッと部屋の照明が割れ、Aさんの頭上に降りかかる。

それでAさんも悟った。

Bさんは、もう昔のBさんではなく、完全に敵としてAさんを排除しようとしている。

どこでそんな力をつけてきたかは不明だが、今やとてつもなく強力な悪霊になり下がっていた。

Aさんは思う。ここまで強くなってしまっては、もはや自分の力など通じるわけがない。

それどころか、逆に取り殺されるかもしれない。

ただ、何としてでもBさんの娘さんだけは護らなければいけない。

どうすれば良い……どうすれば護れる？

――答えは出ない。

Aさんは唇をかみしめながら、以前は親友だったBさんと対峙し、封じなければならなくなった運命を呪った。


次に、本題のBさんの娘さんの部屋へと向かう。

部屋に入ると、娘さんは高熱にうなされ、息も絶え絶えな様子で横になっていた。

だが、Aさんの顔を見ると、少しだけニコっと笑い、こう言った。

「Aさん……。お母さんは私を連れて行きたいみたい。私はもっと生きたいけど、お母さんがそれを望むのなら仕方ないのかも……

それより私は、おばあちゃんやAさんがお怪我したり死んだりするのが怖いの。だから、私のことは気にしないで逃げてね……約束よ……」

それを聞いた瞬間、Aさんのわだかまりは消えた。

そして、どんな方法を使っても――たとえ自分が死んだとしても、この娘だけは護るのだ、と覚悟を決めた。

それから、リビングに移動しいったん母親から話を聞く。

最初は気づかなかったが、よく見ると、母親はいたるところに絆創膏や包帯を巻いている。それは全て、娘であるBさんが出現し、負わされた怪我なのだという。

（……自分の母親まで殺そうとするなんて）

かつての親友の変容に、Aさんは心の底から恐怖した。

Bさんは、突然現れては、母親を階段から突き落としたり、夕飯の支度中に包丁で刺そうとしてくるらしい。夜、寝ているときには首を絞められ、何度も意識を失っている。

また、この家を訪れる者を中へ入れさせまいと、結界のようなものを張っているらしく、これまで誰も近づくことができなかった。だから、今日Aさんがすんなりと家の中に入れたのには驚いたという。

「やっぱり……親友のAさんには来て欲しかったのかもしれないわね」

母親はしんみりとそう言ったが、Aさんはそれを聞いて死を覚悟した。

母親の解釈は恐らく違う。そうではない。今のBさんの力なら、Aさんを家の中に入れぬことなど、造作もないことだとすでに分かっていた。それなのに、すんなりと入れたということは、あえて「入れた」ということに他ならない。

すなわち、もうこの家からAさんを出すつもりはないということ――Bさんは間違いなく、此処で自分を殺そうとしている。

試しにAさんは、その部屋から廊下へ出ようとした。

が、部屋から出ようとした瞬間、全身から力が抜けてしまい、がくんとその場に崩れ落ちた。そして、Aさんが開いた引き戸の隙間からは、紛れもなくBさんがおぞましい顔でニヤニヤと笑っていた。

Aさんは、携帯を取り出し、知り合いの霊能者に助けを求めようと電話してみる。しかし、何故か携帯の電波は圏外になっていた。

こうなってしまったら、もうAさんには勝ち目がない。それほどまでに強大で邪悪な悪霊になってしまったかつての親友に、Aさんはただただ戦慄した。

それにしても、ここまで力の差が歴然としているのに、何故BさんはAさんをひと思いに殺してしまわないのか……。

Aさんは、考えてひとつの結論に達した。

それは、最強の霊能者と言われる人から貰った護符を今自分が身に付けており、そのために、悪霊が近づけないのではないか、ということだ。

彼女は、その護符を握り締め、どうか、この母親と娘さんを護ってくださいと、それだけを強く念じた。

意識がだんだんと遠のいていくのが分かる……Aさんは、薄れていく意識の中で、こう願った。

「Bちゃん、お願い、早く間違いに気付いて……」

だが、霞む意識に浮かぶBさんは傲慢に笑うばかり。その姿は醜く、とても人間だったとは思えないような恐ろしい顔だった。

（ああ、このまま殺されてしまうのか……）

そう思った時、突然Aさんの携帯がピリピリと鳴った。

それまで、穴の空いた水袋のように体の力がどんどんと抜け出していたのが嘘のように、全身に力が戻り始めていた。

携帯を見ると、相変わらず電波は圏外を表示しており、発信者の番号も何も表示されていない。それでも、これが最後の頼みだと感じたAさんは、その携帯に出た。

すると、そこから予想外の声が流れ出した。

『こんにちは。大丈夫ですか。とりあえず、緊急なので連絡させて貰いました。ごめんなさい……全て把握した上で聞くんですけど、そのお友達、浄化しちゃっても良いですか？Aさんを助けたいのも在るんですけど、そういう身勝手な奴、わたし大嫌いなので……』

助かった……これで、全員が救われる。Aさんはそう思った。

何故なら、その電話の主は、今Aさんを護ってくれている護符に念を込めてくれた超本人――〈最強の霊能者〉と認識されている相手だったから。

「お願いします……」

泣きながらそう頼むと、「それじゃ、携帯をそいつのほうへ向けてくれますか」と言われた。

Aさんは、邪悪な姿に成り果てたBさんに向けて、ごめんね……と泣きながら携帯を向けた。

すると、携帯から、一際甲高い高周波音が出て、Bさんが苦しみ出す。

そして、次の瞬間、突然、家中がガタガタと大きな音を立て、Bさんの姿は一瞬でそこから消えてしまった。

Aさんは、携帯を耳に当て電話の相手にお礼を言おうとしたのだが、既に通話は切れており、無音状態になっていた。

母親とポカンと顔を見合わせていると、娘さんがダダダーっと元気に走ってリビングに入って来る。

その顔を見て、全てが終わったと実感した。

それからは、その娘さんの周りで怪異は一切起きていない。

Aさんは、以後、Bさんの墓参りには一度も訪れていない。

何故なら、Bさんの魂そのものが、あの瞬間、完全に全ての世界から消滅させられたことを知っているから。

この最強の霊能者は実在する。

最強の霊能者について

前の話に出てきた最強の霊能者について問題のない範囲で書こうと思う。

ちなみに、その最強の霊能者は女性である。

そして、頻繁に会ったり相談したりはできない。

何故なら、その最強と言われる霊能者は、まだ高校二年生だから。

普通のサラリーマンの家庭に生まれ、上には姉、下には弟がいるらしい。

ちなみに、姉と弟には全く霊感がない。

本当に平凡な家庭に生まれて、のんびりと育った、どこにでもいそうな女子高校生である。住んでいる場所は禁止されているから書けないが、陸上部に在籍し、成績も優秀。趣味もアニメとカラオケ、そして少々のコスプレという今時の女の子である。

ただ、幼い頃から霊的なものを日常的に見ていたという。

そして、全ての人の守護霊が見えてしまう。

両親も彼女の不思議な能力には気付いていたらしいが、当然、霊能者として育てるつもりはない。普通に成長して、普通に幸せな結婚をして人生を送って欲しいと願っている。

俺も子を持つ親としてそれには同感だった。

彼女とは過去に何度か会ったことがあるが、本当に性格の良さそうな普通の女の子なのだ。ただ、会う前からその凄さを聞いていたから、ついつい高校生相手に敬語を使ってしまい、よく笑われる。

本人は気付いていないのだろうが、どこか凛とした雰囲気があり、それでいて全てを受け入れてくれるような暖かなオーラがあった。

彼女は俺の守護霊がお気に入りで、俺よりも俺の守護霊と長々と話し込んでいる。

「良い子が守護霊でついてますね。羨ましいかも」と言われ、「たまに借りても良いですか？」とも言われる。話していると楽しいらしい。

「あっ、ちなみに、お姉さん（俺の守護霊）のＯＫは貰ってます！」

などと言われてしまえば、是非もなしである。

ちなみに、知り合いの霊能者であるＡさんは、

「あの娘は、私とは完全に別物。レベルとか、そういうのを通り越して、別世界にいます。っていうか、あの娘よりも強い力を持った人など見たことがない」と言い。

いつもお世話になっている富山の住職も、

「あの娘は、存在しているというだけで、もう奇跡だから。霊的な修練をしなくても凄いというか、する必要がないね。このまま成長するに従って、更に霊力が強くなるだろうし……」と唸っている。

俺は、ふーん、そうなのか、と頷くしかないのだが、その道の人にすれば、通るだけで思わず道を譲ってしまうのだとか。

では、何故そんなに凄いのかというと、彼女の守護霊というのが、序列で言うと上から二番目に高い地位にあるらしく、それを見ただけで、普通はどんな悪霊も逃げ出すという。

ちなみに、最も高い地位にある守護霊は、訳があって、今現在、誰の守護霊にもなっていないのだそうだ。

そして、彼女にはもう一つ霊がついているらしい。

それは、所謂、悪霊であり、これまたとてつもなく強い悪霊なのだという。

ただ、それくらい強くてレベルの高い悪霊になると、むやみやたらに人に害をなしたりはしないらしい。

要するに、彼女の中には善霊である守護霊と悪霊である守護霊が共存しており、お互いのバランスを保った上で、彼女を守護することに専念し、共生しているというのだ。

だから、修行して、様々な呪文やお経を覚えずとも、彼女が強く念じるだけで守護霊たちがしっかりとやってくれるらしい。お経や特定の宗教のもとでの修行に頼ることがないということは、逆を言えば、世界中のあらゆる魔に対して有効ということで、そこにも最強の所以があるのかもしれない。

うまく説明できないが、大体こんな感じである。

あまり彼女について書くことは許されていないのだが、唯一書いても良いと言われている話が以下の話だ。俺がいつもお世話になっているあの住職の体験談でもある。

ある日、とあるお寺の住職が、とあるマンションで自殺した。

その住職は、生前から魔道に興味を持ってしまい、それに没頭したあげく、同じく魔道に興味を持っていた女性と不倫関係に陥った。

どうやら、その女性も相当な霊力の持ち主だったらしく、彼らの理想とする〈魔道が支配する世界〉を実現するために住職が生贄となり、全ての力をその女性に託したというのが自殺の真相であるという。

いよいよ自殺をするという前に、二人はマンションの至るところにありとあらゆる結界を張りめぐらし、そのマンションを小さな魔道の支配する聖域にしようとした。

しかし、そこに住んでいる他の住民にとっては、たまったものではない。住民が得体の知れないモノを目撃するようになり、自殺する者や、気が狂う者も続出した。やがてそこはすっかりゴーストマンションと化してしまう。

その住職のことを少なからず知っていた、富山の知り合いの住職は、マンションの管理会社から、そのマンションの浄化を依頼された。

ところが、現地に着いてみると、浄化どころか近づくことすらできない。

そこで、Aさんが呼ばれ、おまけ（？）で俺も呼ばれた。

「なんで、俺まで呼ばれてるの？　いつも役に立たないって言われてるのに……」

俺がそう溢せば、Aさんも……

「ちょっと、こんなの無理でしょ？　凄い数の悪霊だけでなく、見たこともないモノまで集まってるじゃないですか！　そもそも全く近づけないいんじゃ、手の出しようがありませんけど？」

すると、住職が言った。

「いやー、そうなんだよね。僕やAさんみたいに少なからず霊的な物を持ってる人は、あの結界に対して全く歯が立たないんだよ。だけどね。そういう霊的なものを持っていない人間なら逆に感じないっていうか……。あそこに近づいてって結界を作ってるものを見つけて、それを壊せるかもしれない」

その言葉に、Aさんはにんまりと笑い俺を見た。

「なるほど。良かったですね。Kさんでも役に立てることがあって。今日の主役はKさんみたいですから、頑張ってくださいね大先生！　私は安全な場所から応援してますから（笑）」

と、酷いことを言う。

しかし実際のところ、俺には、何も見えず感じず、何がそんなに凄い状況なのかも理解できていなかったから、ここぞとばかりに俺は奮い立った。

「じゃあ、行ってみます」

「Kさん、少しでも危険だと感じたら、その時点で絶対に戻ってくださいね。そうしないと殺されますよ。マジで！」

いつになく真剣な顔のAさんにそう言われ、少し怖くなる。しかし、今更やめるとも言えずに進んでいくと、体が少しずつ重くなっていくのが分かった。ビリビリと静電気のようなものも感じ始める。

マンションの入り口に辿り着き、ドアを開けようとした時だった。ドアの向こうに、明らかに不気味な顔をした女が立っており、俺はその場に棒立ちになってしまった。俺がいちばん苦手としている、悪魔や死霊に乗り移られた女の顔だったからだ。

俺はもう、後ずさりしながらその場から離れるしかなかった。

住職たちのところまで戻ると、俺は、たった今見てきた状況を報告した。

「なるほど。たぶん、Kさんが最も苦手とするものを見せて、挫折させようとしたんだな」

住職の見立てに、ビビッて帰ってきた自分が途端に気恥ずかしくなる。どうせ俺のことを馬鹿にして笑ってるんだろうと思いAさんを窺うと、どうも様子が違った。

そして、住職と二人で何か真剣な顔で話し込んでいる。

「もう、それしか方法がない……」

「でも、やはりまずくないですか……」

などと話していたが、急に俺が呼ばれてこう言われた。

「今から、○○という高校に行って、そこで待っている運動着姿の女の子を一人連れて来てくれないか？」

「は？」

俺になに、こんな時に女子高生をナンパして来いって言うの？

俺が唖然としていると、Aさんが冷たく言い放つ。

「Kさんにナンパされる女子高生なんて、この世にいませんから安心してください。というか、さっさと言うとおりにしてくださいね！」

俺は言われたとおりに、とある高校（かなりの進学校）へと向かった。到着すると、校門から少し離れたバス停に、ぽつんと一人でいるジャージ姿の女子高生を発見する。車のままで近づき、様子を窺っていると、その女子高生の方から、声をかけてきた。

「Aさんのお知り合いの方ですよね？」

……驚いた。

「え？　あっ、はい！」

と応えると、その女子高生はそそくさと車に乗り込んできた。早速スマホを触り出すあたり、やっぱりどこにでもいる、今時の女子高生に見えるのだが……。

そんなことを考えていると、彼女のほうから話しかけてきた。

「あの……Aさん、元気にされてますか？　ご住職は？」

どうやら、Aさんや住職とは、顔見知りらしい。それから
「Aさんやご住職からは、いつも色んなこと教えてもらってて……凄いですよね？　あのお二人って」

と、あんまりにもキラキラとした目で言うものだから、微笑ましいやらおかしいやら。

「まぁ、二人とももう少し、性格が良ければね～」

俺がそんなふうにくさしても、コロコロと笑っている。

(ずいぶん、おっとりした女の子だなぁ)

と思いながら車を走らせているうちに、現場に到着。

車から降りた彼女は、申し訳なさそうに「ごめんね」と話しかけるAさんたちにぴょこんとお辞儀して、にっこりした。

「いえ、それじゃ、やってみますね。でも、もしも、危なくなったら助けてくださいね」

それだけ言ってマンションに向かって歩き出す。

「ちょ、ちょっとあの子に何させる気？　大丈夫？」

慌てて俺がそう言うと、

「あの子で駄目なら、もう手はないです！」

とキッパリ。

「でも……まだ何も説明していないじゃない？」

「あのねぇ、わざわざ言わなくても、あの子はもう全ての状況を理解してるんですよ」

「……二人とも、あの子の手伝いしないの？」

最後にそう聞くと、Aさんはふっと口の端で笑った。

「私たちがいたら邪魔になるだけですよ……。あっ、私にとってのKさんみたいな感じですね（笑）」

そんなに俺はいつも邪魔なのかよ！　と思わずムッとしてしまったが、それにしても、Aさんや住職ほどの能力者ですら邪魔になるというのは、いったいどういう意味なのだろう……。

そんなことを考えていると、マンションの前に到着したその子の体が、何やら赤と青の光で包まれていく。

そして、そのまま普通に中へと入っていった……。

固唾をのんで待つこと五分弱。女の子がマンションから出てきた。

駆け寄る俺たちに、彼女はすまなそうな顔でこう言う。

「もしかしたら、やり過ぎたかもしれません。ごめんなさい……」

それから俺のほうを見て、

「あの、すみません！　実は部活動の途中だったので、また学校まで送っていただけませんか？」

と言うので、俺は慌てて「はいっ、勿論です」と答えた。

彼女は俺に丁寧にお辞儀をして車に乗り込むと、Aさんたちに爽やかに手を振りながら、その場を後にした。


無事にその子を学校へ送り届けると、再び俺は現場へと戻った。

住職とAさんはマンションの中を見て回っているというのでそれに合流させてもらう。

……そこで俺はとんでもないものを見た。

マンションの壁のいたるところに、焼き付けられたように黒い影が残っていたのだ。異形のモノたちの残骸……痕なのだという。

「やっぱり凄いね」

「もう信じられないレベルですよね」

と、話す住職とAさん。

そこで初めて、俺は先程の女子高生が、〈最強の霊能力者〉と言われている女性だということを知らされた。

「Aさんとどっちが凄いの？」

と聞く俺に、

「もしかして、からかってます？　比較するとかのレベルではないんですけどね」

と、冷たく言われた。

それにしても、それだけ凄い力を持ちながら、奥ゆかしくいつも笑顔を絶やさない彼女は凄い。それに対して、Aさんの口の悪さときたら……と思ったが、それを口に出すことは勿論できなかった。

彼が死ぬまでの記録

これは友人から是非書いて欲しいと頼まれた話である。

ただ、固有名詞が出てくる箇所などは割愛し、話の脈略が分かり易くなるために、色々言葉を挿入することをご了承いただきたい。


俺の知人である彼は、実は自殺で弟を亡くしている。

ただ、その死因というのがかなり理解に苦しむものであり、自殺という言葉で片づけていいものか今もって判断がつかない。

弟さんは自殺するまでの過程をずっと日記に綴っていた。そこに、ひとつの真実が残されている。だから今回は、その日記に書かれた内容に補足を加える形で、話していきたいと思う。


弟は彼の二つ年下、明るく温和な性格だが実はかなりのオカルトマニアであり、怪奇小説やホラー映画が大好きだったそうだ。

ゆえに、趣味で海外旅行に出る際も、ドラキュラ伝説が残るルーマニアや、ウインチェスターの幽霊屋敷など、怪しげな所ばかりを好んで選択していたようである。

そしてその年、弟はローマを訪れた。

エクソシスト（悪魔祓い師）について調べたり、直に会ったりしてみたいというのが、その旅行の目的だったようだ。

実際に、ローマでエクソシストに会えたのかどうかは不明である。日記にもそうした記述は残っていない。だが、ローマ旅行から帰って来てからの日記は、それまでのものとは明らかに違っていた。

それまでは、どちらかと言えばポジティブな内容が多かったのだが、帰国後の日記には、何かに怯え続ける文章が書かれることになる。


（帰国一日目）

とても疲れた。

頭がガンガンする。

風邪か？　……早く寝ることにしよう。


（二日目）

頭痛が治まらない。

熱はないのだが……。
今日も早く寝るとしよう。

（三日目）
帰国後、ずっと酷い頭痛が続いている。
それに、頭の中から、ずっと声が聞こえてくる。
疲れているのだろうか？

（一週間後）
昨日から会社を休んでいる。
今日は出社しようとしたが、家を出た途端に、雑踏の音が耐えられなくなった。
俺は一体どうなってしまうのか？

（十日後）
寝ていてもずっと頭の中であの声が聞こえてくる。
寝るのが怖い。
もしかしたら、ローマで見たモノは本物だったのかもしれない。

だとしたら、俺も……。

（二週間後）
家の中には俺しかいないはずなのに、聞こえてくる声は誰なのか？
そして、何かが蠢いている音が階下から聞こえてくる。
恐ろしくて気が狂いそうだ。
誰か助けてくれ……。

（十五日後）
ようやく家の中にいるモノの正体が分かった。
きっともう、俺は助からないのだろう。
だとしたら、何をすべきなのか……。

（十六日後）
あいつがずっと俺を見張っている。
だが俺を殺す気はないらしい。
だとしたら俺に何をさせる気なのか？

今は自分が恐ろしくなってきている……。


（十七日後）

自分の意識を取り戻せる時間がなくなりつつある。

あいつらは俺に家族を殺せという。

それだけは絶対に避けたい。

それだけは……。


（十八日後）

もう無理だ。

自分でいることができない。

はっと我に返ると、家族を殺すための道具を用意している自分に気づき、恐ろしくなる。

どうすれば阻止できる。どうすれば……。


（十九日後）

やはり、この方法しか思いつかない。

あいつらの思い通りには絶対にならない。

もしも、誰かがこの日記を見つけてくれたとしたら、この事実を誰かに伝えて欲しい。

そして、対峙できる力でそれを打ち破ってもらいたい。

だから、あいつの名前をここに書いておく。


「ベアル」


奴らにとって名前を知られるということは死活問題のはず。

つまり、名前を書いた俺を奴は許さないだろう。

だからその前に、自ら命を絶つことにする。

父さん、母さん、兄貴。

ごめん。


日記はそこで終わっている。

弟はその日に、包丁に全体重をかけ、心臓を貫通するようにして死んでいるのが確認されたという。

警察は事件と自殺の両面で捜査したらしいが、結局自殺ということで片付けられた。

しかし、兄である友人はこう言っていた。

俺はあいつが自殺したなんて思わない。
きっと奴らに殺されたんだと思ってる。
ベアル……って何か知ってるか？
調べてみたら悪魔の名前なんだよ。
でも、弟は奴の名前を書き残してくれた。
だから、俺は、それを絶対に無駄にしない。……絶対にな。

そう力強い目で話していた。

初七日

これは俺の友人宅で起こった話である。

彼の家は父の代から自営で日本料理店を経営しており、彼はその二代目である。店はかなり繁盛しており、友人の俺でも、なかなか予約が取れない状態だった。

それでも、仕事で東京などからやって来たお得意さんを接待したいと思い、無理を承知で頼んでみると、何とかやりくりして席を確保してくれる優しい人物だ。

実は、加賀料理が大好きなAさんも。この店の常連になっていた。まあ、俺が連れて行ったのがいけないのだが、金欠になるとよくその店に食べに行き、お代は俺につけてくるという、とんでもない仕業をしてくれる。

それなりに名の通った日本料理店ともなれば、お値段のほうもそれなりになるのだが、そんな店にAさんは一人で出掛けていって、たらふく食べて帰ってくる。ふらりと行って席が空いているような店ではないのだが、一体どうなっているのやら。

そして、俺がその店に行くと、「あっ、そういえば、先日もAさんが食べに来てくれて。……で、これがその請求書」となかなかにいい数字を提示される。

もっとも、彼がその額面の通りにお金を支払わせたことはない。いつも、気持ちだけで良いよ、と言って俺からは数千円しか取ろうとしないのだから、本当に頭が下がってしまう。

ただ、それは俺との友情とかいうものではなく、単に、彼がAさんのファンだからなのだと思っている。

何故なら、俺がお店に行くと、「あんな綺麗な人がお店に来てくれるだけで、店が華やかになる」とか、「おまえも良くあんな綺麗な人と知り合いになれたもんだよ。羨ましい……」と、いつもAさんの話題になっているからだ。

まあ、知らぬが仏、というやつだ。


話を戻そう。

その彼であるが、奥さんと、中学生の長男、そして小学五年生の長女がおり、郊外の一戸建てに彼の両親と共に六人で暮らしていた。

俺も何度かお邪魔したことがあるが、日本料理店のオーナーというイメージを鮮やかに裏切る、洒落た洋風の家である。それに、昔は趣味でハードロックバンドをやっていたというだけあって、家の至る所にとてもファンキーな装飾が飾られていた。

奥さんは明るく気さくな女性であり、子供たちも元気が良くて、それでいて礼儀も行儀もわきまえている、まさに理想的な家族だった。

中でも、小学五年生の長女は、いつも明るく元気すぎるくらいの子供であり、よく店に出て手伝ってくれるので、お客さんからはアイドル的な存在として可愛がられていた。あのAさんでさえ、服の上から料理をかけられても、たとえ、「おばちゃん」と呼ばれても、笑って許してしまうのだから、相当なものだ。

しかし、世の中というのは本当に理不尽なものである。

その日、些細なことが原因でその娘が家を飛び出した。

娘が、「どうしても山に連れて行ってほしい」とせがんだらしいのだが、忙しい両親は、「我慢しなさい！」とだけ言って娘のお願いを聞いてあげなかった。

実際、夕方お店を開けるまでには、本当に様々な準備と仕込みがあり、とても山に連れて行く余裕はない。可哀想だとは思いつつ、どうしてやることもできなかった。

それから数時間後、警察から店に連絡が入る。

娘さんが交通事故で亡くなったというものだった。

夫婦は、店も仕事も放り出して病院に駆け付けたが、そこには変わり果てた一人娘の姿が待っていた。彼女の身体は全身泥だらけで、ただ顔だけは綺麗なままだったので、まるで眠っているようだったという。そして、彼女の傍らには事故に遭った時もずっと握り締めていたという花束がそっと置かれていた。

それからは店も休み、娘の葬儀に忙殺された。

何故か涙は出てこなかった。あまりに酷い悲しみに直面すると、人は涙が出ないと聞いたことがあるが、まさにそんな感じだった。今ここで、涙を一滴でも流してしまったら、そのまま悲しみに飲み込まれて二度と立ち上がれない——そんな確信があったという。

無事に葬儀が終わると、家の中は完全に灯が消えたようになった。お店を開けなければと思うのだが、全く気力が湧いてこない。

そんな最中、奥さんが亡くなった娘さんの部屋を整理していて、日記のようなものを見つけた。開いてみれば、懐かしい娘の字で、

もうすぐ、大好きなお母さんとお父さんの結婚記念日だ。

だから、私も今年こそは何かプレゼントしなきゃ……。

うん……そうだ、山に行ってお花を摘んできて大きな花輪にして贈ろう!

喜んでくれるかな?


そんなことが書かれていた。

その時初めて、娘が山に行きたいと言ったのが、単なる我侭ではなく、夫婦の結婚記念日のプレゼントを贈るためだったことに気付き、奥さんと彼は号泣した。

（すまなかった……おまえを殺したのは私たちかもしれないな……）

やっと流せた涙を拭うこともできず、二人はそんなふうに感じていた。

その直後からだった。家の中で怪異が発生するようになったのは。

誰もいないはずの娘の部屋から声が聞こえたり、バタバタと走り回るような音が響いたりする。そして、夜寝ていると、娘の声と思われる歌が、家中に響き渡った。

そのたびに家族は急いで娘の部屋を探すのだが、やはり誰もいないのであった。

そんな折、久方ぶりに彼の家を訪ねた俺は、あることに気付いてぎょっとした。

家中の者たちが全員げっそりと窶れ、目はどこか焦点が定まっていない。

それは何かに取り憑かれた人に現れる症状とまったく同じだった。

不安になった俺は、Aさんに相談した。

すると、いつもなら面倒臭そうな対応しかしないAさんが、すぐに彼の家に行くと言ってくれた。

二人で向かう道すがら、Aさんの表情は浮かなかった。

「どうしたの？」と窺えば、「辛い結果になりそうですから、Kさんも協力してくださいね」といつもは絶対に言わないような言葉を口にする。理由を聞きたかったが、その時のAさんの辛そうな顔を見て、俺は口を噤んだ。

彼の家に到着し、玄関の呼び鈴を鳴らすと、しばらくして彼ら夫婦が出てきた。

「どうした？　何かあったのか？」

「いや、その……とりあえず上がらせてもらっていいかな」

不思議そうな顔で、俺とAさんを家の中に入れてくれた夫婦に、Aさんが口を開く。

「はっきり言いますね。あなたたちご夫婦をはじめ、この家の方全てがとり憑かれています。そして……残念ながら、取り憑いているのは亡くなられた娘さんです」

そこまで聞くと、彼らはどこか心当たりがあったのか、深く目を瞑った。

「……もしもそうだとしたら、それはある意味、嬉しいことかもしれません。だって、もう一度、娘に会えるということですから……」

だが、それを聞いたAさんの顔は急に厳しくなった。

「違うんです。そうじゃない。あなたたちはそれで良いのかもしれないけど、このままだとあんなに可愛い女の子が、ずっと現世に縛られてしまうんです。人は亡くなると、七日間この世に留まります。その間に、あの世に行く準備もしなくてはいけないし、これからどうするのかも決めなくてはいけないんです。あの世に行くのか、それとも、このまま現世に留まるのか……。ただし、現世に留まるというのは、余程の恨みがあるか、自殺してやむを得ない場合を除き、例外中の例外です。だから、当然、現世に留まった霊は孤独で寂しい思いをするし、そのうちに悪霊に変化するものがほとんどなんです。そうなったら、もうどこにも行けない。娘さんがそうなってしまっても良いんですか？　少なくとも私は、あんなに可愛かった娘さんを浄化するなんて、御免です！」

何を言ってもじっと俯いて聞くばかりの夫婦に、Ａさんは優しく問いかけた。

「娘さんの初七日が明けるのはいつですか？」

「……明後日です」

Ａさんは頷くと、こう続けた。

「もしも、明後日までの間に——初七日が明けないうちに、娘さんをこの家に入れてしまったら、もう何をやっても無理です。だから、どんなことがあっても絶対に娘さんを家に入れてはいけません。酷なようですけど、それが娘さんにとっても最良の道なんです。……分かっていただけませんか？」

すると、ようやく彼ら夫婦は顔をあげ、じっとＡさんを見つめた。

「本当にそれが娘にとって最良なんですね？」

「はい」

Ａさんが大きく頷くと、夫婦は泣きながら「宜しくお願いします……」と声を絞り出した。

それから何度か不思議なことはあったらしいが、あえて家族はそれに反応しないようにした。

そして、ちょうど初七日が明ける日の昼間、突如家に電話が掛かってくる。

彼が出ると、聞こえてきたのは亡くなった娘さんの声だった。

生前と少しも変わらぬ元気な声が言う。

『今夜帰るから、玄関の鍵かけないでね！』

それだけ言うと、もう電話は切れていた。

娘さんの声を聞き、さすがに動揺してしまった彼は、縋るようにその電話の件を俺に知らせてきた。

早速、今度はAさんに連絡すると、いつもより硬い声が電話越しに聞こえた。

「わかりました。それでは今夜、家に出向かないといけないですね……。今夜が勝負ですから……」

夕方、彼の家に行くと、既にAさんが着いていた。

玄関の周りを清め、娘さんの霊が玄関に近づきにくくするために、何やら術を施している。

それを見て、ふと俺は思ってしまった。そんな手間をかけるくらいなら、いっそのこと、家に近づけないようにすれば良いのでは、と。

Aさんにそう言うと、鼻で笑って冷えた視線を投げられた。

「相変わらず単純な脳細胞ですよね。そんなことをして、彼ら夫婦が本当の意味で納得しますか？　娘さんの死を受け入れて、それでもこれから前を向いて生きていけるようにしないと、何の意味もないでしょう。もうこうなってしまったら、彼ら夫婦と娘さんの両方を満足させる最良の結果は難しいけれど、それならせめて生きている彼らだけでも何とか最良の結果に持っていってあげないと……」

そう、言われた。


家の中に入り、明かりを全て消した状態で待機する。

そして、午後九時になった時、突然、玄関の呼び鈴が鳴らされた。

はっとして立ち上がり、玄関に向かおうとする夫婦をAさんが制止する。

「静かに……できれば、このままやり過ごすのが一番ですから……」

すると、玄関の方から、真っ暗な部屋の中に娘さんの声が響いてくる。

「ねぇ、開けてよ……どうして鍵が掛かってるの？　ママもパパも私のこと、嫌いなの？　私はこんなにママとパパが好きなのに……。ねぇ……ねぇ……パパぁ、ママぁー」

同時に、玄関のドアがドンドンと強く叩かれる。

その間、本当にこれが最良の方法なんですよね？　と念を押すように、彼ら夫婦がAさんの顔を見る。その悲痛な眼差しに、Aさんもぶれることなく頷いた。

そのうちに、玄関を叩く音も、娘の声も小さくなり、聞こえなくなった。

夫婦は、悲しみと安堵感が入り混じった神妙な顔でまだ息を殺していた。

と、ふいにすぐ後ろから大きな声が聞こえた。

「見〜つけた！」

娘さんの声だった。

全員がその声のするほうを見ると、窓に張りついた娘さんがニコニコと笑いながらこちらを窺っていた。

「○○！」

我が子の姿を見て堪え切れなくなった夫妻が窓に駆け寄り、鍵を開けようとする。

「何やってるんですか？　駄目ですよ！」

Aさんの厳しい声が鳴り響く。

寸でのところで夫妻を窓から引き離したAさんが語りかける。

「あのね……○○ちゃんは、もう死んじゃってるの。ママとパパに会いたい気持ちは分かるけど、それでママとパパが不幸になっても良いの？　そんな姿でパパとママに会いにくること自体が、誰も幸せにしないの！　分かる？」

懸命にそう訴えると、娘さんの顔が突然、恐ろしい顔に豹変した。

「あんた、関係ないでしょ？　ママとパパに会わせて！　ずっと一緒にいたいんだから！」

そう言い放った刹那、家はガタガタと大きく揺れ、酷い耳鳴りが襲ってくる。

娘さんの顔は、残念だがもう既に悪霊と言って良いほどに、醜く崩れている。生前の姿を知っている俺は、正視するのが辛くてたまらなかったが、それはAさんも同じようだった。

目をつぶり、何かを呟いた後で、もう一度Aさんは語りかけた。

「このままじゃ、○○ちゃんを浄化させなくちゃいけないの……。でも、それは絶対にしたくないから……お願い、分かって……？」

それでも、娘さんの顔は更におぞましいモノに変わるばかりだった。

Aさんは深いため息をついて、悲しそうな顔で俺に目配せした。

それは、これから娘さんを浄化するという決断と、その様子を見なくてすむように彼ら夫婦を部屋から連れ出してほしいという指示に他ならなかった。

もう、それしか方法は残っていない——俺もそう思った。

その時、一瞬の隙をつき、再び夫婦が娘のいる窓に駆け寄った。そして……。

「パパとママのために、お花、ありがとうね……。

本当に嬉しかった。

ママとパパも忘れていた結婚記念日を覚えていてくれたんだね？

本当に優しいものね……昔からずっと……。

そんな○○が、ずっと大好きだから……。
○○が一緒に連れて行きたいならそうしなさい。
ママもパパも、今でも○○のことが大好きだから、全然大丈夫だよ！

これからも、いつでも一緒にいてあげるよ。

でも、お兄ちゃんのこともあるから、ママとパパのどちらかだけ、残して欲しいな。

お願いだから……」


夫婦は泣きながら娘さんに語りかけた。

すると、みるみるうちに娘さんの顔が、生前の愛らしい顔に戻っていく。そして——。

「私のせいで、ママとパパが離れ離れになっちゃうの？　そんなの私、嫌だ……。

あのね……ママもパパも、今でも私のこと好き？　お花も喜んでくれた？」

キョトンとした顔で聞いてくる娘に、彼ら夫婦は大きく頷き、精一杯の笑みを咲かせた。

「勿論じゃないか！　おまえより大切なものなんてどこにもないんだから……」

そう言うと、娘さんは嬉しそうに満面の笑みを浮かべてくれた。

「うん。分かった。私も大好きだよ。ごめんねワガママ言って……。でも、もう行くね……。今まで本当にありがと！　私もこれからもずっと……」

ずっと大好きだから——。

その言葉を最後に、娘さんの身体はまるで霧のように薄くなっていき、そのまま暗闇の中に消えた。

静かになった部屋の中で、夫婦のすすり泣きがずっと聞こえていた。

俺とAさんはそっと外へ出て、先程まで娘さんが張り付いていた窓に向かった。

そこには、山に咲く野花で作られた大きな花環が二つ、落ちていた。

それを拾い夫婦に渡す。二人はそれを手にした瞬間、一気に号泣したのだが、どうやらAさんも涙が止まらなかったらしく、無言のまま一人で外に出て行った。

それから、彼らの家での怪異はぴたりと収まったらしいのだが、それでも不思議なことは起こっていた。

それは、彼らがお店を再開してからというのも、亡くなった娘さんの姿を見たというお客さんが後を絶たなかった、ということだ。

何故か彼ら夫婦には全く見えなかったのだが、常連のお客さんのほとんどは娘さんの姿を目撃していた。

しかし、誰もその姿を見ても、恐ろしいとは感じなかった。

生前と同じように、元気で愛くるしい姿で笑っている娘さんに見た者はみな癒され、お店は更に繁盛している。

その話を聞いた俺は、Aさんに「大丈夫なの？　初七日過ぎてるのに……」と聞いた。

それだけが、ちょっとばかり気になっていたのだ。

しかし、Aさんの答えはこうだった。

「うん。全然問題ありませんよ」

口は悪いが、誰よりも情に厚い霊能者は、そう言って嬉しそうに目を細めた。

捜索

これはとあるお店で意気投合し、一緒に飲んだ男性から聞いた話である。

彼は今でこそ普通の会社で働いているそうだが、以前は人命救助を主に行う仕事に従事していた。

それが、具体的に警察や消防なのか、民間の会社なのかはよく覚えていないのだが、とても印象に残った話であり、ここに書きたいと思う。

海であれ山であれ、誰かが行方不明になると当然捜索隊が出される。ただし、それは通常は決められた期間のみの捜索になるらしく、それ以上の捜索を希望する場合は、別途高額なお金を支払っての捜索に切り替わるらしい。

実際、行方不明になってから数日が経過すると、関係者のほとんどは行方不明者の生存を諦めてしまう。常識的に考えて、海や冬山などで遭難した場合、何日も生き残れる可能性は低いからだ。

だが、家族や恋人にとっては、そんな状況でも決して、生存を諦めたりはしない。そして、たとえ生存が無理だとしても、愛する人を早く暖かい場所に連れて来てあげたいと思うものなのだ。

その彼の場合、捜索は常にヘリコプターに乗り込んで行っていた。天候にも左右されるし、広大な範囲から行方不明者の姿を見つけることは至難の業と言っていい。というよりも、かなり不可能に近いのかもしれない。

それでも彼は、何人もの行方不明者を発見してきた。

しかしそれは、決して彼の能力ではないのだという。

何日も大掛かりな捜索隊が駆り出され、一丸となって捜索を展開する。

そんな時には起こらなかった奇跡が、何日も見つからず、それでも家族らの強い希望で捜索を続行している時に、起こる。それも、その日が捜索の最後の日という時に限って起こるのだという。

山であれ、海であれ、同じだ。

ヘリコプターからずっと眼下を凝視し続けるというのもかなり辛いのだが、何とか家族の期待に応えるべく彼は常に全力を尽くした。

そうしていると、眼下に誰かが、大きく手を振っているのが見えるのだという。

普通、広い海の上や奥深い山の中でそんなことをしても、なかなか目に留まるものではない。しかし、そういう場合は、何故かピンポイントでそこに目がいく。

そして、慌ててヘリコプターを降下させ救助に入るのだが、もうその時には、その行方不明者は亡くなっているという。例外なく、全て。

また、ヘリで捜索中にどこからか、声が聞こえることもある。

〈ここです。此処にいます……。そのまままっすぐ……〉

間違いなくそう聞こえる。

その声に導かれるようにしてヘリを飛ばすと、必ず行方不明者を発見できた。勿論、その時も例外なく亡くなっているそうだが。

普通に考えれば不思議で、あり得ないと思える奇跡なのだが、彼らはどうして亡くなった要救助者が手を振ったり、声を聞かせたりできたのかということを、考えないようにしているという。

それが、自然なのだと――。

「見つけて欲しい者と、見つけたい者の気持ちが呼び合うんだよね……」

きっと、それくらい見つけて欲しかったのだろう、と純粋に考えるだけだという。

そして、行方不明者のご遺体を家族の待つ待機所に連れ帰っても、家族は感謝こそすれ、罵倒する者はいないという。

そして、亡くなって戻ってきた家族に、精一杯温かい言葉を掛ける。

「よく頑張ったな……もう安心してゆっくり休め……」と。

本当に不思議な話だが、その話を聞いていて、人間の持つ魂の強さと家族の暖かさ、そして、命の不思議を感じずにはいられない。

あとがき

これで人生初の自筆本の出版も二冊目になる。

昔からエッセイやSF小説を読むのが好きだったが、まさか自分の本が世に出るなど想像もできなかった。

実際、世の中には作家を目指して日夜書き綴っている方もいるというのに本当に申し訳ない気持ちになる。

でも、これで夢の時間は終わりにしたいと思う。

本の出版というものに直に触れ、そして体験したことで沢山のことを勉強させて貰った。それは素晴らしい思い出だけとはさすがにいかなかったが、それでも平凡な会社員の私にとっては本来望むべくもないほどの貴重すぎる体験であった。

実は、前作では、怖さというものを前面に出したくて話を絞り込んだ。

実際、それが本当に読者の方々にリアルな怖さを与えることができたのかは分からない。

だから、本作では当初、リアリティを大前提にした構成にしようと目論んだ。

しかし、やはり怪談というものは、実話という縛りがあったとしても、怖くなくては意味がないのだ、と思い直した。だから、本作に収められている話は、その全てが私にとっての最も怖く大切な話に他ならない。

ただ、怖いと感じる感覚は人それぞれ違うのだと思っている。

各々が生きてきた環境や経験、そして読んでいる時の環境などによっても大きく左右されるものだと思う。

逆に、人が生まれ、そしていつか死んでいくという不変の事実だけは共通であり、死に対する恐怖、未知のものに対する恐怖というものは皆誰しもが持っている共通のものであると思う。

だからこそ、人が皆、持ち合わせている共通の恐怖の核心を本作によって目覚めさせることができているとしたら、私にとっては大成功である。

ただ、私の体験した恐怖というものは、周囲にいる優れた女性霊能者の助けなしでは到底生き延びられるものではなかった。

そして、その霊能者たちから教えられたことがある。

それは、霊も元々は人間なのだということ。

人間もそうであるように、霊の中にも凶悪なモノもいれば、善良なモノもいるのだということである。

だから、彼女たちはどんな霊に対しても同じ対応は決して行わない。

本来なら、その有り余る力に任せて、あっさりと浄化してしまうのが一番楽なのだろう。

だが、彼女たちは、決してそうではなく、凶悪な悪霊に対しては容赦のない対応をする反面、善良な、無害な霊に対しては、まるで慈母のごとく優しく接する。

そして、その姿を見ているうちに私なりに感じたことが沢山ある。

だから、私は話の中にそういった気持ちが暖かくなるような要素も、メッセージとして事実のまま書き綴ってきた。

もしもそれが恐怖を削いでしまうものだとしても、そちらも恐怖と同じくらいに私が読者の皆さんに伝えたかったことに他ならないのだから。

そんな無理な要望を快く受け入れ絶大なる労力を傾けていただいたご担当者、そして、そんな身勝手な本をお読みいただいている読者の皆様には心より御礼を申し上げたい。

最後に、これから『実話怪談』というカテゴリーがもっと沢山の人たちに認知され、発展することを影ながら応援していきたいと思う。

三月吉日

営業のK

闇塗怪談　戻レナイ恐怖

2018年4月5日　初版第1刷発行

著者　営業のK

カバー　橋元浩明（sowhat.Inc）
発行人　後藤明信
発行所　株式会社　竹書房
〒102-0072　東京都千代田区飯田橋2-7-3
電話 03-3264-1576（代表）
電話 03-3234-6208（編集）
http://www.takeshobo.co.jp
印刷所　中央精版印刷株式会社

定価はカバーに表示しています。
落丁・乱丁本は当社までお問い合わせ下さい。

ISBN978-4-8019-1409-4 C0176